KB175654

뮤랄과 미로를 활용한 온라인 퍼실리테이션

온라인 회의와 협업

뮤랄과 미로를 활용한 온라인 퍼실리테이션

온라인 회의와 협업

초판 1쇄 인쇄 2021년 1월 7일
초판 1쇄 발행 2021년 1월 14일

지은이   한봉규, 이병훈
펴낸이   최익성
편집   강송희
마케팅   임동건, 임주성, 홍국주, 신현아, 송준기
마케팅 지원 황예지, 신원기, 박주현, 이혜연, 김미나, 이현아, 안보라
경영지원   이순미, 임정혁
펴낸곳   플랜비디자인
디자인   지선디자인연구소

출판등록   제 2016-000001호
주소   경기도 화성시 동탄반석로 277
전화   031-8050-0508
팩스   02-2179-8994
이메일   planbdesigncompany@gmail.com

뮤랄 MURAL과 미로 MIRO를 활용한
온라인 퍼실리테이션

온라인 회의와 협업

MURAL&MIRO

한봉규 · 이병훈 지음

 플랜비디자인

매우 진부한 단어로 책을 시작하려 한다. 현재는 VUCA의 시
대이다. VUCA는 변동적이고 복잡하며 불확실하고 모호한 사회
환경을 말한다. 변동성(Volatility), 불확실성(Uncertainty), 복잡성
(Complexity), 모호성(Ambiguity)의 약자로, 1990년대 초반 미국 육군
대학원에서 처음 사용했던 단어이다. 그 누구도 COVID-19가 전
세계를 삼켜버릴 거라는 예상을 하지 못했다. 그리고 우리 대부분은
힘들게 그리고 고통스럽게 이 변화에 적응을 하고 있다.

미국의 대통령이었던 도널드 트럼프, 2020년에 2월 탄핵안이 부
결되었다. 당시 언론들은 트럼프의 재선 가능성에 날개를 달았다는
평가를 내놨다. 여론조사 갤럽이 조사한 트럼프의 미국 국정 지지율
은 2017년 1월 취임 후 가장 높은 49%였다. 50년 만에 최저치를 보

이는 실업률, 사상 처음으로 9,000선을 넘어서 나스닥 지수. 미국경제는 장기호황을 누리고 있었다. 하지만 예상치 않게 COVID-19 팬더믹 현상이 전 세계를 강타했다. 미국도 예외는 될 수 없었다. 시간이 지날수록 코로나 전염병 위기에 대한 국정 대응 논란이 거세졌다. 결국 공화당 트럼프는 재선에 실패하였고, 민주당 조 바이든은 미국의 새로운 대통령이 된다.

바이든은 미국 주요 정책 중 하나로, 지구 온난화 문제에 적극적인 대응을 할 것으로 예상된다. 트럼프 집권 시절에 미국이 돌연 탈퇴했던 파리기후협약에 재가입을 하고, 2050년까지 온실가스 배출량을 0으로 만드는 목표와 세부플랜을 수립할 것으로 예상된다. 이에 따라 온난화가스를 많이 만들어내는 산업들의 성장을 억제하거나 규제를 하는 정책들이 펼쳐질 것이다. 굴뚝산업보다는 신재생에너지나 친환경산업의 전망이 밝을 것으로 예상된다. 자동차 업계에

도 변화가 빠르게 요구될 것이고, 전 세계의 전기자동차과 수소자동차 시장은 결국 늘어나게 될 것이다.

여기 홍길동이라는 사람이 한 명 있다. 젊었을 시절부터 운전을 시작하여, 운전실력이 매우 능숙한 베테랑 운전자이다. 그는 자동차 운전의 매력을 제대로 느끼기 위해서는, 힘이 좋은 경유자동차를 몰며 스틱으로 직접 운전을 해야 한다는 생각을 갖고 있다. 그래서 여태까지 단 한번도 경유자동차+수동기어를 포기한 적이 없었다. 시중에 훨씬 디자인이 세련된 최신형의 전기자동차가 저렴한 가격에 나오더라도, 그는 원래 갖고 있던 본인의 운전 취향을 바꿀 생각이 없다.

그런데 만약 세계 온난화 이슈로 인해, 법적으로 경유자동차를 운전할 수 없다는 규칙이 만들어진다면? 그는 아마도 이렇게 변해버린 어쩔 수 없는 상황에 짜증과 화가 날 것이다. 수많은 경험을 통해 이미 익숙해졌고, 운전을 잘할 수 있는 기존의 상황이 현실적으로 불가능하게 되어 버린 것이다. 그는 경유차를 몰고 싶은 사람이었는데, 세상이 그를 전기차를 몰 수밖에 없게끔 만들었다. 하지만 그는 결국 운전을 해야만 한다. 그래서 현실을 인식하고 받아들이기 시작한다. 이왕 벌어진 거, 새로운 변화를 받아들이고 시도를 한다. 해야 한다는 마음이 드는 순간부터는 변화에 적응하는 시간이 짧아지기 시작한다. 물론 시간과 연습이 필요한 과정이지만, 그는 이내 곧 성과를 내기 시작한다. 하지만 분명 다른 부류의 사람들도 있을

것이다. "이건 내가 원래 몰던 자동차도 아니고, 언젠가 다시 예전에 몰던 경유차로 돌아갈 거라고 생각하는 사람들은 과거에 머물 것이다!"

2020년 이전에는 대부분의 업무들이 '대면 상황'에서 이루어졌다. 그리고 2020년 이후에는 '비대면 상황'에서 업무를 하고, 성과를 만들어야 하는 상황으로 바뀌고 있다. 그렇다면 당신은 어디를 바라볼 것인가?

· 목차 ·

PART III 실전 활용법

변화의 시작

1 온택트 시대, 회의와 퍼실리테이션

비대면 원격 업무, 일하는 방식 변화 ↖

2020년 2월 COVID(Coronavirus disease)-19 전염병 이슈가 뉴스를 통해 전해질 때에, 대부분의 사람들은 이번 전염병도 과거에 국내를 떠들썩하게 만들었던 사스(Severe Acute Respiratory Syndrome)나 메르스(Middle East Respiratory Syndrome)와 유사할 거라는 생각을 했었다. 잠시 큰 이슈는 되겠지만, 이렇게 전 세계적인 팬더믹 현상으로 될 거라 예상을 하지 못했다. 사실 우리 모두 이런 경험은 처음이었다. 다음 달이면 괜찮아질 거라는 생각들은, 시간이 점차 흐르면서 희망 고문으로 변해 갔고, 지쳐가기 시작했다.

팬더믹 상황이 발생하면서, 많은 변화들이 생기기 시작하였다. 높은 전염율의 질병은 우리 국민들이 먹고 사는 중대한 문제와 밀접한 관련이 있었다. 우선 항공/해외관광업계는 가장 치명적인 직격타를 맞게 되었고, 미국에서는 유명 백화점 기업들이 줄줄이 도산되는 상황들이 벌어졌다. 어느 특정 업계의 이야기만은 아닐 것이다. 결국 업계들끼리 서로 깊게 연관이 되어 있기 때문에, 수많은 업계의 많은 사람들이 갑작스런 변화에 대응을 해야 하는 상황이 되었다. 특히 직접적으로 타격을 입은 업계의 종사자들은 생존을 위해, 눈물을 머금고 본인의 사업을 포기하거나 타 업종으로 전업/전직을 하는 일들이 빠르게 증가하고 있다. COVID-19는 빠른 속도로 생존방식의 변화를 야기하였고, 아직도 그 변화는 진행 중이다. 특히 우리가 주목해서 관찰했던 분야는 기업에서 '일을 하는 방식'이었다.

COVID-19에 대한 위기감이 강하지 않았던 기간에는, 많은 기업들이 기존의 '일을 하는 방식'을 고수하였던 것도 사실이다. 하지

만 대구경북권의 신천지 종교집단에서 시작된 대규모 감염사태는 방역 우수국가로 인정을 받고 있었던, 대한민국을 혼란의 상태로 빠져들게 만들었다. 무섭게 감염자들의 수가 증가하게 되었고 위기감이 감돌기 시작했다. 해당 사건으로 COVID-19 감염은 사람들이 밀집된 지역에서 쉽게 감염이 될 수 있다는 전국민적인 인식을 강하게 심어주었다. 국내의 수많은 기업들은 사무실에서 모두 모여 함께 일을 하는, 기존의 '일을 하던 방식'이 가져올 수 있는 리스크를 깊게 고민해야 했다. 결국 기존의 '일을 하는 방식'을 바꿔야만 하는 상황이 다가온 것이다.

기존의 일하는 방식은 사무공간에서 함께 근무를 하는 대면방식이다. 이 방식은 대한민국의 문화와 정서가 반영되어, 철옹성처럼 굳건히 변하지 않는 것들 중 하나였다. 하지만 이 대면방식이 내재하고 있는, COVID-19 전염 위험성에 대한 전 국민들의 우려가 점점 증가하고 있는 추세이다. 어떤 기업은 재택근무를 시작하는 곳도 있었고, 그대로 방식을 유지하면서 다른 기업의 업무 방식 추세를 눈치 보는 기업들도 상당수 혼재되어 있었다. 하지만 2020년 8월 15일 광화문 집회 이후, 세계의 주목과 부러움을 받았던 대한민국의 방역 시스템이 크게 흔들리는 경험을 겪게 되었다. 이후 전국의 모든 기업들을 포함한 국민들의 인식은 크게 달라졌다. 수많은 기업들의 자각은, 이후 사람들이 모이는 모든 행사나 이벤트를 전면 중지하고, 근로자들의 재택근무를 일상화하게 하여 비대면 원격업무

를 수행하게끔 만들었다. 그 누구도 가보고 경험해 보지 않은 최대 규모의 변화와 도전이 시작된 것이다.

일반적으로 비대면 원격업무는 두 가지 개념을 함께 포함하고 있다. 집에서 업무를 수행하는 재택 근무, 노트북이나 모바일과 같은 IT기기를 활용하여 외부에서 업무를 수행하는 IT 모바일 오피스. 불행 중 다행으로, 국내에서 비대면 원격업무를 구현하는 것은 다른 국가에 비해 훨씬 더 용이할 것으로 생각된다. 모두가 어느 정도 동의하는 것처럼, 정보통신 IT기술과 관련된 인프라는 이미 세계 최고의 수준이다. 우선 전국 어디를 가든, 인터넷 WIFI가 잘 터진다. 그리고 요즘에는 도시별로 무료 WIFI 상용화를 추진화하고 있는 흐름이다. 그리고 IT기술에 대한 관심과 수용도가 상당히 높은 수준이라서, 최신형 스마트 기기 보급 수준이 신속히 이루어지고 있다.

그리고 이번 COVID-19 팬더믹 상황을 통해, 조직 차원에서 비대면 원격업무가 상시적으로 필요할 수 있다는 인식을 갖게 되었고 우리는 이런 비대면 원격업무를 점점 필요로 하는 상황을 맞이하고 있다. 과거, 제조업 중심의 산업은 점점 줄어들고 있고, 서비스업과 IT중심의 산업이 빠른 속도로 증가하고 있다. 제조업의 경우도, 과거 공장 중심의 기계와 장비에 기반한 운영 방식에서 IT를 중심으로 운영되는 방식으로 변화하고 있다. 앞으로는 굳이 한 공간에 모두 모여 함께 일을 해야 하는 방식이 점점 줄어드는 추세가 될 것으로 예상된다. 기업(조직) 구성원들이 한 장소로 매일 이동해야 하는 번거로움과 시간낭비, 비용을 초래하는 것이 부담되는 시기가 다가올 것이다.

미국 CNBC 방송에 따르면 지난 8월에 CNBC와 체인지리서치가 공동으로 진행한 설문조사에서 평소 9%에 머물던 재택근무자 비율이 COVID-19 이후 42%로 늘어났다. 이는 COVID-19 확산을 막기 위한 미국 정부의 이동제한 및 영업봉쇄에 따른 결과이다. 그리고 이런 재택근무에 익숙해진 직장인들은 고민에 빠지기 시작했다. 침실에서 거실로 출퇴근하던 생활이 익숙해지면서 재택근무에 대한 선호도가 높아졌기 때문인데, 회사 사무실로 출근하는 것에 대해 일부 부정적인 인식도 감지된다. 설문에서 재택근무자 중에 다시 회사 사무실로 돌아갈 계획이라고 응답한 사람은 55%에 그쳤다. 나머지 24%는 재택근무를 지속하거나 예전보다 더 늘어났으면 좋겠다는 의사를 밝혔다. 또 20%는 어떻게 할지 불투명하다고 응답했다.

재택근무를 지속하고 싶다는 의견이 응답자 5명 가운데 1명에 이른 것은 재택근무로 인해 워라밸(일과 삶의 균형)이 높아진 것을 실제로 경험했기 때문이다. 삶의 질에 대한 조직 구성원들의 요구가 높아지고 있다. 조직 구성원들이 갖고 있는 근로 환경에 대한 민감도와 가정과 일의 균형을 이루고자 하는 니즈가 커지고 있다.

비대면 원격업무를 기업에서 아직 꺼려하는 이유는 크게 세가지로 나뉜다. 첫 번째, "지금과 전혀 다른 업무환경을 만들어서 오히려 업무 효율성이 낮아지는 것은 아닐까?"하는 경영진의 우려. 두 번째, 각종 보안 문서가 물리적으로 회사 밖으로 노출되는 것에 대한 보안 유지의 우려. 세 번째로 원활한 비대면 원격업무 도입을 위해, 새로운 시스템·장비·기기의 도입으로 인한 투자 부담의 우려가 있을 것이다.

기존에 잘 운영되어 왔던 방식을 새로운 방식으로 바꾼다는 것은 그 결과를 예측할 수 없기 때문에, 상당히 큰 리스크가 있는 변화로 인식될 수 있다. "업무는 회사 사무실에서 해야 하고, 그래야만 성과를 담보할 수 있다"라는 기존의 생각과 변화되고 있는 현실의 상황이 부딪치고 있는 형국이다. 결국 각 기업 CEO들의 생각, 철학 그리고 의지에 따라 일을 하는 방식이 결정될 것이다. 하지만 이미 큰 변화의 바람은 불어오기 시작하였다. 내부적인 몇몇 사람들의 의지(바람)에 의해서 시작된 변화가 아니라 외부에서 불어오는 큰 태풍에 적응하고 살아남기 위한 생존의 변화일 것이다. 예상보다 빠른 속도로, 그리고 생각보다 많은 기업들이 변화를 시작하였다. 누가 먼저 변화를 시도할 것이냐의 문제인 것이다.

첫 번째 언급하였던 '비대면 원격업무의 생산성' 이슈에 대해 흥미로운 연구결과들이 나오기 시작했다. 비대면 원격업무의 도입이 생산성을 낮출 것이라는 기존의 우려에도 불구하고, 오히려 비대면 원

격업무에 대한 긍정적인 시그널이 나오기 시작했다. 토스랩이 2020년에 직장인 1,600명을 대상으로 실시한 설문결과에 따르면, 비대면 원격업무를 경험한 직장인 10명 중 7명은 대면근무와 비교해 비대면 원격업무 생산성이 비슷하거나 오히려 향상됐다고 느끼는 것으로 조사됐다. "생산성이 향상됐다"는 응답자는 32%였고, "생산성이 동일하게 유지됐다"는 응답자는 46%였다. 응답자들은 비대면 원격업무의 가장 큰 장점으로 출퇴근 시간의 낭비가 사라졌다는 점(65%), 불필요한 대면업무의 감소(13%), 시간관리의 가능(8%), 일의 생산성과 효율성 향상(7%), 워라밸 실현가능(6%) 등이 뒤를 이었다.

실제로 수많은 직장인들은 COVID-19로 인해, 반강제적인 '비대면 원격업무'를 경험하게 되었다. 초반에는 비대면 원격업무에 대한 심리적 반감이 높았던 것이 사실이다. "이렇게 일을 하면, 효과가 있겠나? 일이라는 것은 사무실에서 함께 모여, 구성원들끼리 서로 역동을 일으키며 하는 것이지" 만약 COVID-19가 2~3개월 안에 하나의 해프닝으로 끝나는 사건이었다면, 위의 생각들은 더욱 커지고 굳어지게 되었을 것이다. 하지만 우리도 아는 것처럼, COVID-19는 상당히 오랜 기간 전 세계를 괴롭히고 있다.

사실 '비대면 원격업무'를 바라보는 관점 중 심리적 반감이 큰 문제라 볼 수 있다. 비대면 원격업무가 본격적으로 진행되면, 지금까지 대면 접촉에 기반하여 순조롭게 잘 운영되어 왔던 대부분의 업무 방식들이 바뀌어야 한다는 부담감이 높아질 수 있다. 조직 구성원들이 리더들의 관리 영역, 다시 말해 관리자의 시야 안에서 구성원들이 일을 하고 있는 모습을 보고 있어야, 안심이 되고 '구성원들이 일을 하고 있다'라고 인식하는 상사들이 사실 적지 않을 것이다. 그리고 대면으로 일을 하는 방식에서 생겨날 수 있는 다양한 혜택들이 줄어들 것으로 보는 시각들도 적지 않다. 예를 들어, 대면 업무를 하면서 업무 네트워킹의 확장성, 동료들 간의 친밀감을 통한 효과적인 협업, 선배에게 배울 수 있는 비공식적 학습, 멘토링 등의 기회 상실 등이 있다.

하지만 COVID-19와 함께하는 시간이 누적됨에 따라 "이 상황이 조기에 쉽게 해결될 수 없다"라는 인식이 자연스럽게 확산되기 시작하였다. 이 상황을 어쩔 수 없이 점차적으로 받아들이기 시작한 것이다. 조직 구성원들은 지금의 현실이 '과거처럼 항상 함께 모여서 근무할 수 없는 상황'으로 변하기 시작했고, 그럼에도 불구하고

비대면 업무형태로도 본연의 업무들을 잘 수행해야 하는 상황임을 깨닫기 시작했다. 오랜 기간 COVID-19 사태가 지속됨에 따라, 누가 강조를 하지 않더라도 자연스럽게 '비대면 원격업무'가 필요하다는 인식으로 변해가고 있는 것이다. 그리고 '비대면 원격업무'의 경험들이 축적되기 시작하면서, 기존에 들을 수 없었던 기업 업무현장의 새로운 이야기들이 들리기 시작한다. 그중 하나는, "대면 상황에서 일을 잘하는 직원들이 비대면 상황에서도 마찬가지로 일을 잘한다"는 이야기들이다. 어찌 보면 너무나 당연한 결과일 수밖에 없다.

사실 조직차원에서 바라보는 '비대면 원격업무'에 대한 반감도 있겠지만, 구성원 개개인들이 겪게 되는 심리적 반감도 있을 수 있다. 특히 직장이라는 하나의 커뮤니티가 제공하던 소속감, 유대감 등이 줄어들게 됨에 따라, 구성원들이 소외감, 고립감 등의 심리적 문제를 겪을 가능성도 높아질 수 있다.

변화의 기로, 현재의 모습 ↖

현재 많은 사람들이 주목하는 것은 COVID-19 팬데믹 상황 이후에 재출현할 신종 감염병의 유무일 것이다. 앞서 언급했던 2015년에 한국 감염 사태를 일으켰던 메르스, 2002년 중국 광둥성과 홍콩을 중심으로 발병해 전 세계를 공포로 몰아넣었던 사스가 있었다. 현재까지 정확한 신종 바이러스의 원인은 파악이 안되었지만, 그것이 무엇이든 간에 신종 바이러스의 원인을 찾다 보면 신종 감염병의 발발이 한 두 번의 사례로 끝날 일이 아니라는 점에 많은 전문가들이 동의하고 예상하고 있다. 매우 무섭고 살벌한 예상이다. 그리고 현실이 될 수도 있다는 가능성이 느껴진다.

사회 전반으로 변화가 직·간접적으로 확산되는 추세이다. 대학교를 포함한 초·중·고등학교에서도 이미 언택트 교육방식을 시도하고 있고, 이제 그 자리를 잡아가고 있다. 초반에는 언택트 방식으로 유튜브나 아프리카tv 같은 기존의 동영상 스트리밍 플랫폼을 활용하였고, 교육생들의 클래스 집중도와 효과성에 대한 이슈가 발생하였다. 그래서 현재는 Zoom, MS팀즈, 웹엑스와 같은 화상회의 플랫폼으로 온라인 Live 교육을 진행하는 수준까지 발전이 되었다. 이 외에도 사회의 다양한 분야에 언택트(비대면)의 방식이 시도가 되고 있고, 예상보다 신속하게 자리를 잡아가고 있는 상황이다.

COVID-19 '심각' 단계 격상으로 IT기업과 대기업을 중심으로 재택근무를 실시하였고, 최근 9월까지 10만 명이 재택근무가 진행되었다. 한국무역협회(2020)의 자료에 따르면, 재택근무를 위하여 그룹메신저, 원격회의 시스템, 원격PC제어 등 IT솔루션에 대한 니즈가 급증하였다. 재택근무, 화상회의 등 근무환경이 변하면서 글로벌 원격근무 솔루션 시장규모는 지속적인 성장이 예상된다. 글로벌 원격제어 및 모니터링 시장규모는 최근 5년간 연평균 13%씩 성장하고 있다. 원격근무를 위한 실시간 디바이스 제어, 모니터링 서비스 시장규모는 2016년 308억 달러에서 2021년 567억 달러로 1.8배 증가할 것으로 전망하였다.

일부 대기업의 경우, COVID-19 이전부터 GSS(Group Support Systems) 그룹지원시스템의 개발을 진행하였다. 이미 컴퓨터와 통신기술은 기업의 주요 커뮤니케이션 수단으로 부상하였다. 멀리 떨어진 지역에서 근무를 하고 있는 조직 구성원들이 동시에 함께 일하고 의사결정을 하는 일이 늘어나게 되었다. 이런 추세에 따라 조

직 내 업무그룹의 커뮤니케이션을 비롯한 아이디어 개발, 대안 평가, 의사결정 등의 다양한 그룹활동을 지원하는 시스템 개발의 요구가 생기기 시작했다. '비대면 원격업무'에 대한 기존의 부정적 시각들이 현재까지도 있었고, 이런 인식들이 GSS 시스템의 운영과 확산에 영향을 미쳤던 것도 사실이다. 하지만 누구도 예상하지 못했던 COVID-19로 인해, 해당 시스템에 대한 니즈와 활용은 높아졌다. 그리고 대기업들이 고민하던 '보안유지' 이슈도 해소를 할 수 있는 장점이 있다.

주목할 점은, COVID-19로 인해 재택근무를 하게 된 근로자들이 82.8% 만족하고 있다는 점이다. 만족 이유는 출퇴근 시간과 비용 절약(36.2%) 외에도 업무의 자율성 향상(31.0%), 업무능률 향상(22.0%), 대인관계 피로도 완화(7.8%)이다. 그리고 비대면 원격업무에 대한 수요는 계속 증가하고 있다. 비대면 원격업무 경험자 81.6%가 원격업무 확대에 찬성하며, 원격업무 활성화를 위해서는 기업문화 개선(35.6%)이 제일 중요하고, 스마트오피스 등 공용 사무공간·시설 확충(15.5%), 업무프로세스 개선(11.5%), 근무관리 시스템 도입(11.0%), 정보보안 문제해결(10.0%)이 필요하다고 응답했다. 가장 중요하다고 응답한 기업문화 개선에서 기업문화는 다양한 관점으로 해석이 가능하다. 그리고 우선적으로 기업문화의 여러 요소 중 '커뮤니케이션'과 '일하는 방식'을 살펴볼 것이다. 그리고 기존의 대면환경과 다른 비대면 상황에서, 어떤 변화가 있을 것이고 현업에 적용할 부분이 있는지 알아볼 것이다.

커뮤니케이션 방식 변화 ↖

전통적으로 한국인들과 함께해 온, 선(禪)과 불(佛) 사상은 자신의 마음을 다스리는 것을 강조하고 있다. 선문답(禪問答)에서 의미의 전달은 언어적 표현보다 '공유된 경험'을 통해서 이루어진다고 표현한다. 또한, 불교의 경우 '염화시중(拈華示衆)의 미소'라는 표현은 '이심전심'을 의미한다. 정리해 보면, 가장 이상적인 커뮤니케이션은 말이 필요 없는 상황이라는 것이다. 한국 커뮤니케이션 문화는 직접적인 표현보다는 간접적이고 은유적인 표현을 선호하는 것이고, 언어나 수사적 표현을 중요하게 생각하는 서구적 커뮤니케이션 문화와는 분명 차이가 있음을 생각해 볼 수 있는 지점이다.

시간이 흐르면서, 서구의 다양한 문화가 국내로 유입이 되기 시작하였다. 그리고 문화는 다양한 분야에 영향을 미칠 것이고, 커뮤니케이션에도 그러했다. 언어학자들에 따르면 커뮤니케이션은 역으로 세계에 대한 우리의 지각이 형성되는 범주를 구축한다고 한다. 문화와 커뮤니케이션은 상호영향을 미친다는 것이다. 글로벌 교류가 시작되고 시간이 지남에 따라 국내에도 산업회기 본격화되기 시작하였다. 자연스럽게 서구의 과학적이고 합리성을 추구하는 생각과 철학들이 국내에 자리를 잡기 시작했다. 이에 따라 커뮤니케이션

에 대한 전통적 인식과 가치관도 변하고 있다. 미국의 인류학자 에 드워드 홀은 커뮤니케이션과 관련하여, '고맥락/저맥락' 개념을 제 시하였다. 서구권에서 두드러지게 보이는 저맥락 커뮤니케이션 방 식은 의사소통이 주로 표현된 내용(대화. 글)에 의해 이루어지고 이런 표현은 직설적인 반면에, 동양권에서 쉽게 보이는 고맥락 커뮤니케 이션 방식은 표현된 내용으로부터 상대방의 진의를 유추하는 단계 를 중요하게 여긴다. 그리고 서구권의 다양한 문화와 방식들이 흡수 되면서, 고맥락 커뮤니케이션과 저맥락 커뮤니케이션이 혼재된 양 상으로 변해가고 있다.

커뮤니케이션은 메시지의 전달을 의미한다. 다양한 의사소통 방 법(토론. 토의)들이 흡수되면서 전통적 커뮤니케이션 가치관과 충돌 을 일으키는 현상이 발생하며 커뮤니케이션의 방식이 변화하게 되 었다. 그리고 이런 변화에 더 큰 변화가 우리 곁으로 다가오고 있다.

바로 커뮤니케이션이 IT기술과 결합이 되면서, 디지털 커뮤니케이션으로 커뮤니케이션의 범위가 확장되어 활용되고 있는 것이다.

　기존의 커뮤니케이션과 디지털 커뮤니케이션의 차이점은 메시지의 전달을 비트로 한다는 것이며, 누구나가 이런 수단을 만들어내어 사용할 수 있다는 점이다. 디지털 커뮤니케이션의 기본적인 요소는 4가지(TEXT, SOUND, IMAGE, MOVEMENT IMAGE)이다. 위 요소들이 기존에는 목적성을 갖고 있는 전달의 수단이었다면, 이제는 자체가 교류의 목적이며 수단으로 변화하였다. 현재 우리가 즐겨 사용하고 있는 카카오톡 등 SNS는 위 요소들이 적극적으로 활용되며, 많은 사람들이 사용하는 대표적인 커뮤니케이션 수단이다.

　디지털 커뮤니케이션의 중요한 특징 중 하나는 상호작용을 가능하게 하는 인터랙션(Interaction)이라는 요소를 지니고 있다는 점이다. 디지털 네트워크는 이 인터랙션이라는 요소를 통해 커뮤니케이션을

가능케 한다. 특히 우리가 주목하는 점은 '텍스트(text)'이다. 텍스트는 일종의 미디어와 같은 역할을 한다. 시간과 공간을 초월하여 소통할 수 있는 능력은 미디어의 텍스트에 있어 필수 요건이다. 이런 텍스트가 확장되기 위해 중요한 매커니즘으로서의 인터랙션은 사람들간의 소통을 끊임없이 요구한다. 왜냐하면 디지털 네트워크상에서 소통되지 않는 텍스트들은 정체될 수밖에 없기 때문이다. 그리고 텍스트에서 시작한 디지털 네트워크의 커뮤니케이션 방식은 '음성', '그림(사진)' 그리고 '영상'으로 발전하게 되었다. 이런 변화와 함께, 카카오톡이나 페이스북, 인스타그램과 같은 SNS를 통한 새로운 커뮤니케이션 방식이 확대되었다.

대부분의 기업들은 업무 커뮤니케이션을 업무의 핵심이자 기업의 경쟁력이라 생각한다. 다양한 업무 관계자들과의 커뮤니케이션을 거치지 않는다면, 업무 협업이 원활히 이루어지지 않고 의사결정도 진행되지 않기 때문이다. 요즘 기업의 경우, 업무 커뮤니케이션은 대면과 비대면의 형태가 동시에 이루어지고 있다. 과거에는 대부분의 업무 커뮤니케이션을 대면, 우편 그리고 전화통화로만 진행하였다. 그리고 업무 커뮤니케이션이 IT시스템을 활용하여 발전함에 따라, 이메일이나 내무 커뮤니케이션 시스템을 활용하는 다양한 커뮤니케이션 채널로 다양화되었다. 특히 이메일은 여전히 업무에서 표준 커뮤니케이션의 형태로 활용되고 있다. 직장인들이 업무 커뮤니케이션 수단으로 '메일(43%)'을 가장 선호하는 것으로 알려졌다. 이메일은 사내 커뮤니케이션과 더불어 외부 커뮤니케이션에서도 가장 적절한 형태로 여겨지고 있다.

사내채팅(메신저)도 업무 커뮤니케이션의 주요 형태이고 사용빈도가 높은 커뮤니케이션 채널이다. 상대방과 대면하지 않고도 여러 사람과 물리적인 제약 없이 소통이 가능하고, 실시간으로 파일 공유도

가능하다. 이메일과 달리 사용자가 보고 있는 화면에 내용이 즉각 표시되는 특징이 있다. 상대방에게 메시지를 전달하고 바로 실시간으로 확인해야 하는 내용을 발송할 때 활용되고 있다.

대면 회의는 중대한 의사결정을 하거나 상세하게 프로젝트나 업무를 협의할 때 활용하는 커뮤니케이션 채널이다. 업무와 관련된 다양한 구성원들이 참여해야 하기 때문에, 비효율을 발생시키기 쉽지만 보다 효과적인 업무 진행을 위해서는 반드시 거쳐야 하는 과정이기도 하다. 특히 위에서 언급한 '이메일'과 '사내채팅'에서 주로 활용되는 커뮤니케이션 텍스트로는 의도가 잘 전달되지 않거나 상호 간 입장의 차이가 있는 경우에는 직접 만나 대화를 하면서, 오해의 소지를 줄이기 위해서도 대면 회의는 필요하다.

회의는 다양한 이름으로 현장에서 활용되고 있다. 토의, 집회, 좌담회, 보고회, 협의회, 토론회 등 회의 종류는 다양하다는 것을 알 수 있다. 사람들이 집단으로 커뮤니케이션을 할 때, 회의라는 것이 얼마나 중요한 역할을 하고 있는지 알 수 있다. 회의 목적은 본래 문제해결, 방침 결정을 위한 그룹 구성원들끼리 정보나 아이디어를 교환하는 것이다. 하지만 직장 내 보편적인 회의는 각 팀의 업무 보고나 리더의 업무지시 그리고 약간의 토의 안건이 상정되는 정도에 그치고 있다. 회의에 대한 개념과 기대되는 역할을 제대로 정립하는 것이 필요한 시점이다.

비즈니스 회의는 '업무 관련 상호작용을 위해 둘 이상이 참여하는 미리 계획된 모임'이라는 의미가 있다. 또한, 회의의 절차에 내재된 무형의 요소를 포함시켜 '조직 구성원들이 비전과 임무, 목표달성을 도출하고 재현하는 사회적 행동'이라는 의미도 포함된다. 회의는 일반적으로 기업의 구성원들이 매일 경험하는 업무현장의 구성요소이다. 미국의 기업에서는 매일 2,500만건 이상의 회의가 진행되고, 한 주에 평균 6시간을 회의하는 데 소비하고 있다. 기업 내 관리직의 경우 주 평균 23시간을 회의에 사용하고 있다.

직장에서 협업 및 창의적 아이디어를 만들고 집단지성을 이끌어 내기 위해 효과적인 수단인 회의가 중요함에도 불구하고, 국내기업에서는 여전히 지시형 회의가 대부분이며 전근대적 회의방식이 업무 효과성 및 기업혁신을 저해하고 있다(상공회의소, 2017.02). 이런 상황들은 회의에 대한 이미지를 계속해서 부정적으로 만드는 데 영향을 끼치고 있다. 조직구성원들은 각자의 중요한 목표를 부여받는다.

그리고 그런 목표들은 직장생활 중 다양한 사건이나 상황들에 의해 방해를 받게 된다. 직장에서 수시로 전화로 응대를 하거나, 예기치 않은 상사들의 요청들로 인해 본인의 과업을 수행하는 데 방해를 받는다. 그리고 본인에게 부여된 책임은 반드시 책임을 지고, 목표를 성취하는 것이 업무수행의 결과로 인정을 받게 된다. 이런 상황들로 인해 회의에 집중하기 위해서는 추가적인 노력이 필요하게 되고, 피로감과 부정적 정서가 발생할 수 있다.

왜 온라인 회의에 집중해야 하는가? ↖

COVID-19로 인해 비대면 원격업무가 본격화된다면, 새로운 커뮤니케이션의 방법에 대해서 진지한 고민을 시작해야 한다. 기업에서 기존에 활용하고 있는 커뮤니케이션 채널은 크게 다섯 가지로 정리할 수 있다. 그 채널들은 '대화, 유선통화, 이메일, 사내채팅, 회의'이다. 사람과 사람이 물리적으로 만나기가 쉽지 않은 '비대면 원격업무' 상황에서는 이 채널들 중 가장 크게 변화가 요구되는 것들이 있다. 바로 '대화'와 '회의'이다. 대화는 대부분 두 사람이 서로 소통을 하는 경우가 대부분이기 때문에, 다른 커뮤니케이션 채널인 '유선통화, 이메일, 사내채팅'으로 대체 될 수 있다. 하지만 '회의'의 경우, 다른 커뮤니케이션 채널로 대체할 수 있을 것인가? 이것이 바로 이 책의 핵심 화두라 생각된다. 많은 기업들이 인정하고 있는 것처럼, 업무의 핵심

이자 기업의 경쟁력이라 불릴 수 있는 '업무 커뮤니케이션'에서 놓칠 수 있는 회의는 COVID-19에 따른 환경의 변화에 맞게, 변화하고 진화해야 한다. 우리는 바로 그 변화의 시점에 서 있다.

성공적인 온라인 회의를 운영하기 위해서, 고려해야 할 다섯 가지 관점이 있다. 첫 번째는 IT인프라이다. 2020년 초부터 온라인으로 진행되는 다양한 회의를 주관하면서, 참여자들이 재택에서 노트북 외 태플릿이나 핸드폰으로 참여를 해야 하는 상황들이 있었다. 회사 사무실에 설치되어 있는 데스크탑 PC외 다른 IT기기들이 재택에 있는 것이 보편적이지 않다. 그리고 재택에서 사용할 수 있는 인터넷의 환경도 구성원별로 많은 차이가 있다는 것을 발견하였다. 이런 점들은 원격의 형태를 빌어, 재택에서 함께 일을 하고 회의를 운영하는 데 큰 문제점으로 부각되었다. 두 번째는 시간적 요인이다. 온라인으로 회의에 참여하는 것은 예상보다 높은 집중력과 에너지를 필요로 한다. 신속한 시작과 종료가 보장되어야 한다. 휴식 시간을 넉넉히 제공하고 적절하게 활용해야 한다. 그리고 온라인 회의 지속시간에 대한 고려가 필요하다.

세 번째는 공간적 요인이다. 개별 참여자들의 공간 및 장소의 적절성에 대한 것들이다. 특히 주변 소음수준이 있을 경우, 회의 전체 품질에 크게 영향을 주었다. 그리고 원격으로 참여를 하는 온라인 회의는 실시간으로 회의 참석자들이 회의에 집중하지 않고, 다른 인터넷 채널을 본다거나 재택에서 즐길 수 있는 다양한 거리들이 있기 때문에 회의 주관자는 이런 점을 주기적으로 모니터링하고 관리해야 한다. 네 번째는 절차적 요인이다. 온라인 회의에서 완료해야 하는 아젠다의 존재 여부, 회의 진행에 대한 기록 등이 포함된다. 특히 회의 진행에 대한 기록은 온라인 회의에서 상당히 중요한 부분이다. 실시간으로 회의 내용을 기록하는 온라인 퍼실리테이터의 역할에 따라, 온라인 회의 수준과 분위기가 결정된다. 온라인 퍼실리테이터가 회의에서 오가는 아이디어를 실시간으로 기록하고, 회의를 발전시킬 수 있게끔 화면을 전환하는 등의 역할을 수행할 수 있다. 이런 역할들은 기존의 오프라인 회의보다 온라인 회의가 더 효과적이고 효율적이라는 점을 만들 수 있다. 마지막은 참가자 요인이다. 이는 오프라인 회의와 똑같이 중요하게 작용을 한다. Decision Maker의 참석여부, 참석인원의 동기 등이 해당된다.

[현장 인터뷰]

포스트 코로나 시대의 일하는 방식

원격근무로 변화는 시작되었다 ↖

: 국내 대기업군 L그룹 해외마케팅팀 차장급

요약 대면 상황에서 일을 잘하는 직원이 비대면 상황에서도 일을 잘하는 것
이다. 단, 그 직원이 비대면 상황에서도 성과를 내야 한다는 생각의 전
환이 필요하다. 그리고 확실히 주니어 직급의 직원들은 비대면 상황에
서 근무하는 형태를 쉽게 수용하는 것처럼 보인다.

COVID-19 이후 밀폐된 공간에서 확진자들이 대거 발생하기 시작

하면서, 전염에 대한 위기감이 팽배해졌다. 그룹 전체가 이런 상황에 신속하게 대응하는 시스템이 가동되었다. 그룹의 전 직원들은 건물 오피스에서 다 함께 모여서 일을 하는 것은 제도적으로 제한이 되었다. 아직까지도 조심해야 되는 분위기가 있어서, 후배들이 조금 몸이 안좋거나 하면 가급적 재택에서 근무를 할 수 있게끔 편의를 봐주고 있는 상황이다. COVID-19 이전에 회의를 해야 하는 경우, 회의 종류별로 인원의 제한을 두어서 최대 9명까지만 회의실에 들어갈 수 있게끔 제도화되어 운영이 되었다. 요즘의 시기에는 재택으로 근무를 하는 직원들과 사무실로 출근해서 근무를 하는 직원들이 혼재되어 있어서, 회의를 진행해야 할 경우에는 웨백스나 팀즈와 같은 화상회의 프로그램으로 진행하였다.

처음에는 COVID-19의 상황이 단기간 내에 해결이 되는 이슈로 생각을 했다. 그래서 재택근무를 하는 방식에 큰 관심들이 없었다. 그냥 한순간에 끝나게 될 해프닝 정도로 생각을 하였다. 하지만 꽤 오랜 기간이 지나오면서, 그룹사에 있는 직원들의 인식이 크게 바뀌었다고 본다. 이제는 사무실에서 일을 하든, 재택에서 일을 하던 간에 나에게 부여된 '역할과 책임'을 다하여 '성과'를 만들어야 하는 것이 당연하게 여겨지고 있다. 결국 상황에 영향을 받지 않고, 해야만 하는 시기이기 때문에 자의든 타의든 온라인 업무프로그램을 잘 활용하려는 편이다.

하지만 일부 경영진들의 인식은 바뀌지 않았다. 의심스러운 시선들이 아직까지 있는 것이 사실이다. 아직까지도 재택근무를 하게 되면, 직원들이 집에서 일을 제대로 안하고 논다라는 인식이 깔려 있다고 본다. 하지만 1~2달이면 모르겠지만, 이미 꽤 오랜 기간이 지나버렸다. 우리만 했으면 모르는 거다. 하지만 전체가 코로나의 상황에서 근무를 해야 했기 때문에, 위에서부터 생각이 바뀌기 시작한 거 같다. 임원들이 먼저 재택을 하는 상황도 생기기 시작했다. 나 또한 파트장급으로 해외마케팅 일을 하고 있어서, 사실 전화기만 있으면 업무를 진행할 수 있다. 하지만 그런 분위기가 아니었고 기대하는 바가 있다는 생각이 있었다. 그래서 오히려 회사에 출근하려고 했었다. 이런 인식도 시간이 지남에 따라 점차적으로 변하고 있다고 생각한다.

사무실에서 일을 잘하는 사람은 재택에서도 일을 잘한다고 생각한다. 결국 COVID-19로 인해 변해버린 환경에 사람이 맞춰가는 형국이다. 나 또한 필요하면 팀원들과 또는 파트너들과 원격으로 협업을 하고 꼭 필요한 화상회의들은 정기적으로 하고 있다. 하지만 모든 협업 업무들이 꼭 서로 얼굴을 보면서 해야 할 필요는 없기 때문에, 반드시 화상회의를 하는 편은 아니다. 화상회의의 경우, 서로 잘 모르는 사람들이 모여야 하는 회의일 때 진행을 한다. 처음에는 이런 형태가 익숙하지 않았다. 하지만 이것도 시간이 지남에 따라 익숙해지는 느낌이다.

재택근무가 활성화되고 비대면 원격업무 방식이 익숙해지고 있는 것도 사실이다. 하지만 아직 장점을 느끼기에는 비대면 원격업무 환경이 완벽히 구비되지는 않았다고 생각한다. COVID-19가 발생하기 전부터, 외국계 회사들은 재택 근무를 많이 도입하는 것으로 들었다. 그런 소식을 뉴스로 접하면서, 솔직히 한국기업이 저런 변화를 따라갈 수 있을까 하는 의구심이 들었다. 하지만 지금은 그 생각이 바뀌고 있다. 어쩌면 많은 사람들이 비대면 원격업무의 가능성을 조금 보게 된 상황이다. 물론 국내 대기업들도 재택근무를 따라 하려는 흉내는 그동안 많이 냈었다. 그리고 지금은 어쩔 수 없는 현실로 인해 재택근무를 공격적으로 도입하기 시작하였고, 그에 따라 조금씩 인식이 바뀌고 있는 것 같다. 한국에 있는 대기업들도 조금씩 자유로운 업무환경에 대해 마음이 열리고 있다는 생각이 든다. 그리고 자유로운 업무환경에서, 이전보다 편하게 나의 업무에 온전히 집중할 수 있는 장점을 경험하고 있다.

이런 상황들이 지속되고 비대면 원격업무가 좀 더 활성화된다면, 결국에는 업무를 수행하는 과정에서 공간적인 제약을 안받게 되는 상황이 올 수 있지 않을까 하는 생각도 든다. 나중에 코로나 상황이 해결이 되더라도, 온라인이나 언택트로 근무를 하는 문화가 잡히게 된다면 그대로 유지가 될 수도 있겠다는 생각을 해본다. 이런 경험들의 축적으로, 나중에는 반드시 회의실이나 사무실이 없어도 서로 유기적으로 일을 수행할 수 있겠다는 생각을 한다. 코로나 기간 동안, 나름의 반복적인 집중적인 훈련이 되고 있는 것 같다. 그래서 코로나가 없어져도 이런 비대면 원격업무의 형태가 유지가 될 거라는 생각이 든다. 이제는 업무 담당자가 필요하다고 판단하면, 재택근무를 해도 된다와 같은 유연성이 있는 근무형태가 자리를 잡을 거라는 생각을 해본다.

언택트라서 너무 좋아요가 아니라, 해야 하는 거니까.. 얘가 사무실에서도 내 눈치를 보면서 일을 하는데, 재택에서 대충 하는 것처럼 보인다. 하지만 지금의 상황에서는 조정할 수 없다. 일을 안 하더라도 바꿀 수 없는 상황이기 때문에 "어떻게 그들의 재택근무를 잘 하도록 할지, 성과를 제대로 낼지"를 고민하는 것이 중요하다. 어떻게 이 상황에 맞춰서, 기존의 구성원들을 일하게 하고 성과를 만들게 할까? 가 중요한 부분이다.

> **Q** 대기업은 발빠르게 시스템적으로 대처해서, 그래도 지금까지 잘 운영이 되었지만, 중견·중소기업들의 경우는 어땠을까?
>
> 이 문제는 오너십의 부분이라 생각이 든다. 과연 시스템 부분을 발빠르게 개발(서버문제) 하고 적용할 수 있었을까? 시스템도 중요하지만 구성원들의 오너십(책임감)이 더 중요한 거 같다. 그냥 시간 때우기로, 일을 하는 사람들은 문제가 발생된다. 그리고 그런 사람들은 분명 티가 난다. 일에 대한 진척도나 얘기를 나눠보면, 일을 얼마나 파악하고 있는지? 형식적으로 답만 하는지? 이런 것들이 티가 난다. 이런 것들을 매니저급에서 파악을 해야 한다.

Q 만약 큰 이슈가 터지면, 유관팀들을 불러서 회의가 진행이 될텐데.. 지금 코로나 시기에서는 어떻게 진행이 되고 있는가?

온라인으로 회의를 하고 있다. 정말 급하면, 전화로도 할 수 있다. 반드시 노트북을 사용해서 화상회의를 해야 하는 것이 아니다. 품질이슈나 이런 것들은, 그런 것들을 판단해야 하는 사람들이 직접 와서 판단을 해야 하기 때문에.. 당연히 직접 와서 회의를 하게 된다.

Q 신사업이나 아이디어 회의는 어떻게 진행이 되었나?

웹엑스를 통해서 진행을 했었다. 오히려 웹엑스나 온라인 회의에서 얘기를 잘하는 사람도 있다. 웹엑스에서는 오히려 젊은 층이 더 회의에 적극적으로 참여하는 느낌이 있고, 나이가 많아도 잘 참여하는 사람도 있다. 비대면으로 하든 대면으로 하든 일을 잘하는 사람은 잘하고, 일을 못하는 사람은 여전히 못한다.

언택트 상황에서, 서로 떨어져서 일을 하는 상황에서.. 구성원간 유대감을 쌓아올리는 것은 지금부터 발빠르게 고민해야 하는 이슈라는 생각이 든다. 지금 당장은 리스크를 피해야 하고, 그럼에도 불구하고 일이 되어야 한다가 더 먼저 해결되어야 하는 이슈였다.

원격근무와 실시간 피드백 시스템에 주목하라 ↖
: 국내 대기업군 S그룹 인사팀 과장급

요약 비대면 업무방식은 우리나라에도 빠른 속도로 정착이 될 것으로 보인다. 물론 회사마다 사정이 있고, 적용하는 속도는 다를 수 있다. 하지만 변화는 이미 시작되었다. 미국 샌프란시스코 실리콘밸리에서 이미 본격적으로 활용하고 있는 '실시간 피드백 시스템'에 대해 주목할 필요가 있다.

COVID-19 이후로 회사에서는 기존의 대면으로 진행되던 교육을 전면 취소하고, 비대면으로 진행하였다. 비대면 방식으로 온라인 화상 교육과 실시간 방송으로 진행을 하고 있다. 빠르게 대응하여 그룹사 자체 스튜디오를 설립하였고, 그룹사 전체적으로 유니버시티를 런칭하여 실시간으로 방송을 운영할 수 있는 인프라를 구축하였다. 기존에 정기적으로 진행해 오던 직무교육은 상당 부분 축소되었고, DT(Digital Transformation) 교육이 추가 개설되어 화상이나 실시간 온라인 Live 교육형태로 운영하고 있다. 그룹사는 과거부터 개발을 해왔던 자체 온라인 플랫폼을 구체적으로 개발하여, 전사적으로 운영을 하고 있다.

비대면 온라인 교육상황에서 발생할 수 있는 다양한 단점들을 사전에 예방하기 위해 다양한 방식들이 실행되고 있다. 예를 들어, 학습자들이 교육 중 지루해서 화면을 꺼버리거나, 다른 활동을 하지 못하게 실시간으로 Q&A를 실시하고 있다. 그리고 커리큘럼 구성도 예전과 비교하여, 촘촘하게 구성하여 5분 단위로 학습자들의 주위 환기를 시킬 수 있는 방법들이 적용되었다.

온라인 비대면 업무 방식이 확대되면서, 상시 성과관리 시스템을 개발하였다. 컨셉은 현재 미국 캘리포니아 실리콘밸리의 다양한 기업들이 실제로 수행하고 있는 '실시간 피드백 시스템'이다. 매니저는 조직 구성원들의 업무에 대해 상시적으로 피드백을 할 수 있고, 경영진들이 이 상황을 모두 볼 수 있게끔 개발되었다. 실제로 세부적으로 어떤 구성원이 어떻게 구체적으로 일을 하고 있는지 모니터링이 가능한 시스템이다.

기존의 시스템을 그대로 활용하지 않고 새롭게 개발하여 구축한 이유는 기존 시스템이 한국 일하는 문화에 맞지 않는 요소들이 있기 때문이다. 지나치게 효율성을 따진다든지, 개별적으로 시간 체크를 하여 업무 효율성을 강조하는 방법이 한국 일하는 문화와 적합하지 않다는 판단 때문이었다. 그리고 COVID-19 이후에 본 시스템을 각사에서 적극적으로 활용하면서, 다양한 성공과 실패경험이 축적이 되고 있다. 빠른 속도로 언택트 근무환경에 적응하는 모습을 보이고 있다. 시스템이나 근무환경 적인 부분에서 많은 부분이 해소가 되어가는 추세이다. 최근에는 시스템적인 관점 외에 인적자원(사람) 관점도 함께 주목을 받고 있다. 우리 그룹사는 각사마다 조금씩 차이점과 특징들이 있겠지만, 전반적으로 자율성을 기반으로 조직 전체가 운영되고 있다.

절대 사람은 한 번 변화된 것을 회귀하는 성향은 아니다. 다만 변하는 것은 한 군데가 있다. 그게 바로 교육이다. 학교를 보면 알 수 있다. 학교는 코로나가 종식되면, 예전으로 돌아갈 것이다. 하지만 성인교육의 경우는 절반의 확률로 보고 있다. 나를 변화시키고 발전시킬 수 있는 교육은 회사 교육에는 없고, 이미 유튜브에 수많은 정보가 쌓여가고 있다. 그리고 해외 대학교나 사이트 등 내가 손만 뻗으면 닿을 수 있는 교육채널들이 즐비하다. 조직 내에서 운영되어 왔던 교육의 형태와 내용들은 큰 변화를 맞이할 것으로 예상된다.

COVID-19 이후, 일하는 방식에는 큰 변화가 있을 것이다. 그리고 업무효율성은 엄청나게 증가할 것이다. 밀레니얼들은 이런 변화를 대부분 환영할 것이고 잘 적응할 것이다. 외국계 기업이 아닌 이상, 한국형 조직은 회사 내 수행해야 하는 역할은 크게 두 부분으로 나누어질 것이다. 바로 업무 내적인 부분과 업무 외적인 부분으로 구분할 수 있다. 그리고 이 두 가지의 구성비율은 50:50으로 보고 있었다. 하지만 코로나 사태 이후, 개인 구성원들의 입장에서 업무 내적인 부분의 비율이 더 커지게 될 것이다. 예전처럼 대면상황에서 사무실에서 서로 함께 모여 일을 하는 환경이 바뀌기 때문에 따라올 수밖에 없는 현상으로 보인다. 업무 위주로 커뮤니케이션을 하고 의사결정을 하는 상황으로 바뀌게 될 것이다.

고질적인 부분이기도 하지만, 의사결정을 하는 라인에서 고위직급들의 병목현상이 상당히 심하다. 그리고 COVID-19 이후, 비대면 업무환경이 일반화되기 시작하면서, 언택트 상황에서 진행되는 보고가 늘어나기 시작했다. 현재 상당수의 프로젝트와 업무들에 대해서 임원진들이 대면으로 보고를 받지 않고 있다. 기존의 방식, 오프라인으로 보고를 해야 하면 대기해야 하는 시간들이 있었지만, 이제는 시스템에서 임원의 업무 스케줄을 미리 모니터링하고, 임원이 보고를 받을 수 있는 시간에 즉시 보고를 할 수 있다. 그리고 팀원은 팀장에게는 보고 후 어떻게 일이 진행되었는지, 경과 내용을 공유하는 구조로 바뀌고 있기 때문에, 전통적인 업무 방식보다 훨씬 빠르고 효율적으로 업무가 진행이 되고 있다.

담당 매니저들이 협업을 하는 경우에는, 플랫폼에서 업무의 협업 과정이 모두 진행된다. TASK가 구성되면, TASK 담당자는 본인과 협업을 할 수 있는 TASK PEER를 세팅할 수 있다. 해당 인원들을 시스템에서 지정할 수 있고, TASK PEER들은 이런 메일(NOTICE)을 받고 요청사항에 수락을 하게 되면, 자동으로 해당 TASK의 PEER가 되는 것이다. 한 개의 TASK가 진행될 때, 역할은 크게 3가지로 구분할 수 있다. TASK PM/TASK LEADER/TASK PEER으로 정리할 수 있다. 연말이 되어 성과평가 시즌이 다가오게 되면, 경영진은 각 TASK에 대한 성과평가를 실시한다. 그리고 TASK에 참여한 조직 구성원들은 각자 어떤 역할을 했는지 구체적으로 기술하고, 상호 평가를 하는 구조로 운영되고 있다. 이 프로세스의 가장 큰 장점은 기존 대면업무 환경에서 쉽게 발생할 수 있는 무임승차자, 바로 프리라이더가 없어지게 된다는 점이다. 예전에 대면상황에서 모두가 함께 모여 회의를 하게 되면, 회의 주제에 맞지도 않는 이야기들로 시간이 지체되는 경우도 많았다. 하지만 지금은 각 TASK 구성원들이 시스템에서 본인의 주장, 의견과 보고서를 제대로 내지 않으면 동료들에 의해서 OUT될 수 있다. 프리라이더가 사라지게 되는 상황이 되고 있는 것이다.

메인 TASK 리더들이 목표 타겟팅을 쓰면, PEER들은 시스템에 피드백 대화를 남긴다. 이와 같은 업무 커뮤니케이션이 1초 단위로 실시간으로 운영된다. 누군가 사업과 관련한 괜찮은 아이디어를 냈으면, 동료들이 그 아이디어를 평가하고, 해당 아이디어가 채택이 되는 프로세스이다. 온라인 업무커뮤니케이션은 카카오톡 채팅과 같은 형태로 대화를 시스템에서 나누게 된다. 이것을 하는 장점은 다양하겠지만, 특히 기록으로 남을 수 있다는 점도 특징이다. 이런 데이터를 활용하여 경영에 도움을 계속해서 제공하는 것은 그룹 HR의 역할로 인식되고 있다.

대면과 비대면 업무방식의 장점들을 함께 고민한다 ↖
: 국내 대기업군 H그룹 CS팀 과장급

요약 대면과 비대면 커뮤니케이션 방식은 서로 다른 장점을 갖고 있다. 과거의 회의/교육에서는 원거리에 있는 직원들이 모두 모여야 하는 불편함과 이동시간, 비용들이 절약되는 매우 큰 장점이 있었다. 대면 커뮤니케이션에서 발생할 수 있는 장점들을 보완할 수 있는 방법들이 나오기 시작한다면, 비대면 커뮤니케이션과 교육방식을 포기할 이유가 없다. 그리고 비대면 커뮤니케이션 방식이 정착된다면, 나름의 효과성도 충분히 볼 수 있으리라 생각한다.

COVID-19 이전부터 내부 인트라넷을 개발해야 하는 니즈가 있어왔다. 대면으로 만나는 것도 좋겠지만, 시간과 비용의 이슈를 해소하는 것이 더욱 중요했다. 그래서 비대면으로 미팅을 진행할 수 있는 그룹사 자체 플랫폼(인트라넷)을 2018년도에 개발하였다. 코로나 상황을 대비하여 위기대응의 성격으로 개발하는 것은 아니었고, 자체적인 니즈에 따라서 개발했던 프로젝트다.

전국에 호텔과 리조트 신입 직원들이 계속해서 충원되고 있다. 신입 직원들에게 입사한 지 3개월 이내에 적시성이 있는 직무교육을 제공해야 하는데, 그동안 쉽지 않았다. 전국에 있는 신입 직원들을 한곳에 모이게 하는 데에는 시간과 비용이 많이 든다. 그래서 새롭게 개발한 플랫폼에서 해당 교육을 진행하였다. 신입 직원들이 원하는 시간대를 선택하고, 사전과제를 부여하여 과제를 체크하면서 교육프로그램을 진행하였다. 또한, 교육결과와 피드백 사항들을 정리하여 리더급 직원들에게 제공하여, 그들이 다시 현장에서 조직 구성원들을 직접 관리할 수 있는 도구로 활용할 수 있었다. 이 교육은 1:1의 코칭 형태로 진행이 되었다.

지금 하고 있는 비대면 온라인 교육은 코로나가 종식이 되어도 진행할 것이다. 적시성, 비용적인 측면에서 지금의 비대면 교육은 계속 유지할 것이다. 내부 시스템을 활용하기 때문에 비용 세이브가 많이 된다. 서비스 직무교육의 경우, 사전 과제로 학습자별로 현장에서 본인 영상을 촬영하여 제출하게 된다. 생각보다 쉬울 것 같지만, 그 과제영상에서 학습자들의 비언어적인 잘못된 행동이 다 기록된다. 코칭 포인트로 정리가 가능하다. 기존의 집합교육에서는 그냥 휘발이 되는 느낌이었다. 교육이 끝나면 그냥 교육으로 끝나는 특징이 있었다. 하지만 비대면 교육은 그 양상이 다르다는 느낌이다. 영상으로 기록을 남기고, 다시 해당 장면들을 자세하게 보면서 피드백을 제공할 수 있는 장점이 있다. 물론 집합교육은 다른 사람과 함께 참여하면서 서로 간의 역동을 느낄 수 있고 다른 동료들이 교육에 참여하는 것을 보면서 그 자체로 교육이 되는 장점이 있다. 그리고 모두가 모이기 때문에, 큰 조직의 구성원으로서 자부심과 로열티를 제공할 수 있다. 대면, 비대면 교육 방식, 모두 각각 장단점이 있다라고 생각한다.

COVID-19 이전에 회사에서 일을 하고 회의를 진행했던 경험과 비교해 보면, 커뮤니케이션은 역시 직접 만나서 하는 것이 편하다. 그러나 지금 시대가 그런 만큼 비대면으로 교육이나 회의를 진행하면서, 이 방법도 꽤 괜찮다는 생각을 갖기 시작했다. 다만 불편한 점은 사무실에 출근하여 근무를 하는 동료와 재택으로 근무를 하는 동료가 함께 온라인 회의에 모이게 되는 경우가 있다. 그런데 같은 사무실에서 온라인 회의에 접속을 하게 되면, 하울링 현상이 심하게 발생하기 때문에 현재는 각자 다른 회의실에 한 명씩 들어가서 회의에 참여를 하고 있다. 교육(코칭교육)의 경우, 1:1 화상회의를 하면서 처음에는 교육을 진행하는 직원이나 교육을 받는 직원이나 이 시스템에 적응하는 시간이 다소 소요되었고 불편함이 있었다. 하지만 시간이 흐름에 따라 어느새 적응이 되는 거 같다. 초기에 느꼈던 불편한 점들은 노트북에 설치되어 있는 스피커가 제대로 작동을 안하거나, 사용자가 스피커를 사용하는 기능을 숙지하지 못한 상태였다. 대부분의 구성원들이 경험하지 못했던 사항들이었기 때문에 불편한 문제들이 발생하였지만, 경험이 축적되면서 이제는 별 다른 불편함과 문제를 느끼지 못하고 있다.

비대면 온라인 교육이나 회의의 경우, 성과적인 측면에서 1:1로 온라인 화상 회의(코칭교육)를 하는 것이 오히려 훨씬 몰입감이 높은 것으로 파악되었다. 신입사원들은 기존 직원들보다 IT나 인터넷을 활용했던 경험들이 많고 익숙한 환경이기 때문에, 오히려 이런 방식에 대해 이질감을 크게 느끼지 못했다. 코치와 신입직원이 대면으로 만났으면 부담스러웠을 미팅이 인터넷 기반의 화상으로 진행되니까 훨씬 더 부담감 없이 참여할 수 있었다. 실제로 집중력도 오히려 높은 걸로 분석되었다. 그리고 신입 직원들은 새로운 방식과 시도에 대해 마음이 열려 있었고, 흥미가 높았다. 하지만 아직까지 1:1 온라인 화상회의(코칭)를 연세가 있는 시니어 직원들을 대상으로 해 본 경험은 없다. 이 또한 시간이 흐름에 따라, 확대되고 정착이 될 것으로 예상된다. 테스트 버전으로 시니어 직원들을 대상으로 온라인 화상 플랫폼에 초대를 하여, 일상적인 회의나 대화를 시도했었는데, 그 직원들도 온라인 비대면으로 회의에 참여하는 것에 부담감을 느끼지 않고 있다는 피드백을 받았었다.

우리 그룹사는 업무와 관련해서는 온라인 비대면 방식을 선호하지 않는 편이다. 광화문 사태 이후, 전 직원들이 의무적으로 재택근무를 할 때, 온라인 비대면 회의를 몇 번 경험하였다. 팀장이 회의를 주재하고, 팀원들이 모두 모여서 화상으로 미팅을 하였다. 팀장이 온라인 화상회의 플랫폼에 PPT를 올려놓고, 공유를 하는 회의 방식이었다. 얼마 이후에 팀별로 회의 자체를 하지 말라는 회사의 방침이 있었다. 왜냐하면 그 당시 팀의 전체 인원이 재택 근무를 했던 것은 아니었기 때문에, 사무실에 출근한 근무자들이 온라인 회의에 참여하기 위해 밀폐된 장소에 모이게 되는 결과를 만들었기 때문이다. 그 당시 회사의 방침은 팀별로 매우 중요한 이슈가 아니면, 회의를 지양하라는 걸로 이해했었다. 그래서 우리 그룹 구성원들은 반드시 화상 시스템으로라도 회의를 진행해야겠다는 니즈는 아직 없는 것 같다. 재택 근무를 하는 것이 아니기 때문에, 우리는 앞으로도 재택근무에 대해서 아직까지는 제대로 할 생각이 없는 것으로 보인다. 아직까지도 일은 사무실에서 해야 일이라는 인식이 굳어져 있다.

온라인으로 업무를 진행하거나 온라인 방식으로 회의에 함께 참여하는 방식은 거의 없다. 웬만한 업무 진행과 협업 미팅은 직접 대면으로 만나서 하는 분위기다. 사실 온라인 비대면 업무방식으로 일을 수행할 때, 불편한 점이 있었다. 현재 살고 있는 집에 근무환경이 마련되어 있지 않은 것이 개인적으로 힘들었다. 솔직히 내 방에는 책상이 없어서, 재택근무 기간 동안 식탁에서 일을 하였다. 그리고 더 중요한 점은 재택근무에 대한 리더들의 인식이다. 팀 구성원이 집에서 일을 하면, "그냥 뭐 시간을 때우거나 눈치껏 놀겠거니" 하는 생각이 깊게 깔려 있다. 그리고 비대면 근무를 권장하던 시기에도 우리 그룹사의 팀장들은 단 한 명도 그 기간에 재택근무를 하지 않았다. 서로 눈치를 보고 있는 상황으로 보여졌다. 그리고 재택근무를 하고 있는 기간에는, 업무 커뮤니케이션을 채팅으로 주로 했는데, 상사가 채팅창으로 문의를 했을 때 채팅에 대한 답변이 제때제때 안되면 큰일나는 분위기였다. 그리고 온라인 비대면 업무 방식은 결국 업무의 성과로만 보여야 하기 때문에, 혹여 일일계획과 달리 업무진척이 늦어지면 자발적인 야근을 하게 되었다. 그래서 당시에 오히려 이런 상황이 더 스트레스로 느껴졌다.

청소년들은 그래도 대면형태가 적합하다 ↖
: H시 청소년 교육센터 차장급

> **요약** 청소년들의 특징 '자기중심성과 개인적우화'는 청소년들이 비대면 커뮤니케이션/교육방식에서 더 효과를 발휘할 수 있는 점이라 생각한다. 하지만 청소년들은 아직 자기주도성이 부족할 수 있기 때문에, 교사가 직접 대면을 하는 방식이 더욱 효과적이라 생각을 한다. COVID-19가 장기화된다면, 결국 각 기관의 담당자들은 비대면 커뮤니케이션 방식으로 변화를 꾀해야 한다고 생각한다. 이제는 적극적으로 변화를 시도할 시점이라고 생각한다.

청소년 교육에 있어서 제일 중요한 것은 청소년들과 청소년지도사들이 직접 대면하는 것이다. 그리고 함께 만날 수 있는 공간이 있고 청소년들과 함께 교류할 수 있는 프로그램이 필수이다. 하지만 COVID-19 이후로 청소년들과 만날 수 있는 기회가 사라졌다. 청소년 교육 프로그램에 대한 니즈는 사라지지 않았지만, 물리적으로 만날 수 있는 방법이 없어졌다. 현재 전국의 수많은 시, 도에 있는 청소년 교육센터의 가장 큰 고민과 해결방식은 비대면 온라인 밖에 없는 거 같다. 기존에 수행하던 방식이 아니고, 효과성에 대한 검증이 없기 때문에 고민을 하고 있다. 서로 타 기관에서 비대면으로 프로그램을 개발하거나 운영하는 사례를 벤치마킹 하려는 시도가 늘어나고 있다.

매년 청소년을 대상으로 하는 직업 박람회를 운영하고 참여하고 있다. 청소년들이 관심 있어 하는 중요한 주제이기 때문에, 올해에는 비대면 방식으로 기획을 하고 운영하였다. 박람회의 운영 형태는 온오프 융합으로 기획을 하였다. 요즘 많은 기업들과 기관에서 활용하고 있는 화상채팅 플랫폼인 Zoom을 사용하진 않았다. 온라인 박람회라 생각하면, 영상을 찍어서 보여주거나 Zoom과 같은 플랫폼을 활용하여 쌍방향 소통을 하는 것으로 기획방향을 잡는 것이 일반적이다. 하지만 그것보다 청소년들이 더 적극적으로 참여할 수 있는 방법을 고민하였다. 청소년들이 스스로 본인의 진로에 대해 고민을 해보고, 사전준비를 할 수 있는 다양한 이벤트를 기획하였다. 실행단계에서는 쌍방향 소통을 만들기 위해 유튜브를 활용했고, 사후단계에서 설문조사로 행사를 마무리하는 것이 아니라 청소년들이 참여할 수 있는 챌린지 이벤트를 추가로 준비하였다. 실시간으로 운영이 되지는 않지만, 청소년들 한 명 한 명과 메시지를 주고 받으며 소통을 할 수 있는 컨셉으로 구성하였다.

COVID-19로 인해 청소년들과 직접 만날 수는 없었지만, 청소년 지도사들의 진심을 그들에게 보여주는 것이 더 중요했다. 청소년들에게 디테일하게 진심 어린 문자나 메시지를 제공했던 것이 주효했다고 생각한다. 예상보다 성공적인 성과를 만들었지만, 솔직히 담당자로서, 교육효과적인 측면에서 대면을 더 선호하는 편이다. 경영진들은 기존의 대면 방식보다 비대면 방식이 더 쉽지 않나라는 생각을 하지만, 사실 온라인 비대면 방식이 준비를 하는데 더 에너지와 시간이 많이 걸린다. 청소년 교육에 있어서는 대면이 훨씬 더 효과적인 거 같다. 온라인 방식에는 한계가 분명히 있다. 그래서 온라인 비대면 형태로 교육을 진행하게 되면, 단순히 수업으로 끝내는 게 아니라 팔로우업 프로그램이 반드시 준비되어야 한다고 생각한다.

비대면 온라인 교육의 특장점으로는 교육 형태에서 찾아볼 수 있다. 현재 청소년 교육을 운영하는 방식은 네이버 카페에 참여를 유도하고 그곳에서 이벤트와 병행한 미션을 제공하고, 해당 온라인 카페에서 청소년들이 과제를 수행하고 제출하면 피드백을 주는 형태이다. 비대면 온라인 교육의 형태에서는 청소년 개개인이 올리는 미션들을 일일이 다 읽어보고, 피드백을 제공할 수 있다. 기존의 대면 교육에서는 적극적이지 않고 소극적인 학생들은 아무래도 소외가 될 수밖에 없었지만, 적극적으로 나서지 않던 학생들의 입장에서는 대면교육 때보다 오히려 비대면에서 교육을 받는 것을 선호할 수 있고, 수업적인 효과가 더 높을 수 있다고 생각한다.

실제로 여태까지 운영되었던 대면 형태로 진행된 청소년 진로박

람회의 경우, 청소년들이 친구들과 함께 우르르 몰려와서 다 함께 듣는다. 출석체크를 하는 것이 가장 주된 목적으로 보여진다. 친구들과 함께 그룹으로 있기 때문에 분위기에 휩쓸리기만 하지, 정작 본인의 진로에 대해 관심을 갖고 자세히 들여다보는 학생은 사실 많지 않았다. 대면 형태로 진행을 하더라도 프리라이더는 분명히 있다. 비대면으로 할 때에도 프리라이더가 있지만, 오히려 비대면이 그 비율이 더 적을 것이다. 온라인은 강사/퍼실리테이터의 스킬이 정말 중요하다. 온라인은 재미가 없으면, 정말 교육생들이 외면할 수 있을 것이다. 비디오를 끄면 학생들이 무엇을 하는지 볼 수 없다.

어차피 대면에서 교육을 잘 듣는 학생은 비대면에서도 교육을 잘 듣는다. 오히려 비대면의 수업방식으로 더 적극적으로 참여하는 경향이 높을 것이다. 청소년기의 주된 특징 중 하나는 자기중심성이 강하다는 것이다. 개념을 쉽게 설명하면 자기중심성이 강한 청소년들은 "이 무대의 주인공은 나다"라는 생각이 강한 편이다. 그리고 청소년기의 또다른 특징은 '개인적 우화'를 들 수 있다. 나만 특별하다는 의미이다. 나에게 벌어진 일이 매우 특별하다는 생각이고, 이로 인해 오히려 타인의 시선을 많이 의식하는 편이다. 그래서 자기가 대중 앞에서 창피를 당하는 것을 매우 싫어한다. 이런 특징들이 비대면으로 교육을 받는 것에 도움을 줄 수도 있을 거 같다는 생각을 한다.

우리 때보다, 지금의 청소년들에게 비대면 교육 형태가 더 잘 적용이 될 수 있겠다는 생각이 든다. 우리는 검색을 하더라도 네이버나 구글을 활용하지만, 요즘 청소년들은 검색을 유튜브를 활용한다. 이들은 영상세대이다. 활자를 잘 활용하지 않는 편이다. 영상이 익숙한 세대들이다. 오히려 성인들은 활자를 보는 게 익숙하지만, 청소년들은 다르다. 청소년들은 워크숍(전지작업)을 할 때에도, 본인의 의견이나 생각을 한 줄씩 단답형태로 작성하는 편이다. 청소년들은 길게 쓰는 것을 좋아하지 않는다. 성인들보다 청소년들에게 워크숍(전지작업)을 하는 것은 덜 효과적일 수도 있다. 오히려 너희들의 생각을 글로 쓰는 것보다, 이걸 그림으로 표현해보자! 이걸 단어로 표현해보자! 이걸 모형으로 만들어보자! 이런 형태의 워크숍을 선호하는 편이다. 그리고 영상을 훨씬 좋아한다. 영상을 만드는 속도도 훨씬 빠르다.

강사가 혼자 말을 하고 전달하는 방식에는 한계가 있다. Zoom이라는 수업이 영상이라는 것을 보조수단으로 활용하는 플랫폼이고, 녹화된 영상을 보여주는 방법에는 분명 한계가 있을 것이다. 다양한 온라인 회의 프로그램을 활용하여, 참여를 유도하고 확대하는 방법이 필요할 것이라 생각한다. 오히려 청소년들이 적응이 더 빠를 수 있을 거라는 생각도 해본다. 청소년들을 지도해야 하는 어른들이 오히려 지금의 변화에 빠르게 적응을 못 하고 있다고 생각한다. 청소년을 지도하는 어른들의 빠른 변화에 대한 적응이 필요한 시점이다.

대학교 교육방법, 변해야 할 시점이 다가왔다 ↖
: S대학교 L교수

 대학교 교육이 과거의 방식에 머물러 있다면 정체될 수밖에 없고 경쟁력을 잃을 수 있다는 생각을 한다. 기존의 교과목에 '디지털 역량'을 접목하는 시도가 필수적으로 진행되어야 하는 시점이다. 대학교에 입학하는 학생들의 세대는 점점 내려가고 있고, 기존의 교수법으로는 한계가 있다는 생각을 한다. 디지털 환경을 적극적으로 활용하고, 본인 전공과 관련된 다양한 문제들을 주도적으로 해결할 수 있는 역량을 대학교에서 키울 수 있게끔 변화를 시도해야 하는 시점이다.

대학교에서는 혁신교육을 장려하고 있는 분위기이다. COVID-19 이전에는 일방향 대면 방식의 강의가 주를 이루었으나, 올해는 쌍방의 소통을 고려한 형태를 함께 시도하고 있다. 시니어급 교수들은 올해부터 바뀌기 시작한 비대면 형태에서 온라인으로 강의를 진행해야 하는 환경에 상당히 부담을 갖고 있다. 상대적으로 쥬니어급 교수들은 이런 온라인 강의에 대한 심리적인 장벽이 낮다고 생각한다. 최근에 이런 현상들을 연구하면서, 앞으로 5~10년 이내에 대한민국 대학교 교육에 큰 변화가 있을 거라는 확신이 생겼다. 이런 변화는 우리가 주목해야 하는, 어차피 받아들여야 하는 것으로 생각된다.

　지금까지 15년 정도 사회와 대학교에서 다양한 수업들을 받고 연구를 해왔다. 한 분야의 전문가가 되기 위해 필요하다고 판단되는 역량과 스킬을 기존의 일방 형태의 강의식 수업에서 향상시키는 것에는 한계가 있다고 생각한다. 그래서 COVID-19 이후, 대면으로 학생들을 만날 수 없는 상황에서 다양한 교육적인 시도를 하고 있다. 대학생들은 매주 자기들이 직접 뭔가를 해야 하고, 조별로 논의를 해야 하고, 만들어야 하는 이런 교수법에 대해 상반된 반응을 보이고 있다. 좋게 받아들이는 학생도 있지만, 이런 변화된 방식을 부담스러워 하는 학생들도 있다.

　교육이 집중해서 육성해야 하는 부분은 크게 세 가지로 생각을 한다. 바로 전공과 관련된 지식, 태도와 행동이다. 실제로 우리가 받아왔던 강의는 형태는 일방 형태의 교수법들이 대부분이었고, 강의 내용은 지식 함양에 맞춰져 있었다. 그리고 이것에 대한 평가는 자연스럽게 학생이 해당 내용을 아느냐 모르냐로 판단을 하고 평가로 연결시켰다. 지식적인 관점에서 낮은 수준의 지식(이해, 암기)에 집중되어 그동안 교육이 진행되어 왔다면, 보다 높은 수준의 단계(분석, 적용, 평가, 창조)에 초점을 맞춘 교육이 대학교에서 제공되어야 한다.

　인터넷과 IT의 발전으로 인해, 정보와 지식의 양이 빠른 속도로 늘어나고 있는 상황이다. 여기서 중요한 점은 대학생들이 본인에게 필요한 지식을 어떻게 찾을 것인가? 지식의 홍수 속에서 어떤 정보가 본인의 연구과제 해결에 핵심적인 정보인지를 분별하는 것이 더욱 중요하다고 생각한다. 물론 기존의 평가 프로세스가 '국가시험이

나 자격증'과 밀접하게 연계가 되어 있어, 현재의 대학교 입장에서는 해당 시험에 높은 점수를 취득할 수 있게끔 지식적인 정보를 전달해야 하지만, 앞으로의 미래를 위해서는 대학교 교육에 있어서 큰 변화가 필요하다고 생각한다. 교육 현장에서 대학생들의 적극적인 참여와 역동성이 생겨나고, 본인들이 직접 정보를 찾고, 정보들을 분석·적용·인사이트를 뽑아내는 과정들이 중요하다.

코로나가 끝나고 다시 교실에서 수업이 진행된다면? ↖

학생들이 대학교에 모두 모여, 교수와 함께 대면수업이 가능해지는 시점이 오더라도, 4차 산업혁명 시대에서 필요한 역량에는 큰 변함이 없을 것이다. 이미 인터랙티브한 쌍방향 교육을 시작한 시점에서, 다시 과거의 강의형태의 교육방식으로 돌아가는 것은 힘들지 않을까? 하는 생각이 든다. 코로나가 종식된다 하더라도, 기존의 대면수업이 더 좋고/비대면수업은 별로다? 라는 인식들은 이미 많이 달라진 것으로 보여진다. 비대면 수업에서의 좋은 점들은 계속해서 코로나 이후에도 연결이 될 것이라 생각한다. 디지털 리터러시/디지털 도구를 활용해서 같이 일을 하고 협업하는 역량들은 반드시 필요할 거라 생각한다. 대면으로 수업을 하더라도, 디지털 디바이스를 활용한 수업들의 비중이 늘어날 것이다.

디지털을 활용하는 것은 1. 디지털도구를 활용해서 디지털 세계에 있는 정보를 검색·활용하는 방향 2. 교육현장에서 디지털도구를 활용해서 자신들의 생각을 기록하고 구조화하는 방향. 이 두 가지로 정리할 수 있다. 아마도 전문대에 있는 학생들에게 사회에서 요구하는 디지털 역량은 후자 쪽에 가까울 것이다. 하지만 일반대에 있는 학생들에게는 전자 쪽도 함께 요구되어질 것이다. 현재의 대학생 세대들 중간 세대라 생각한다. 이들은 영상과 활자를 같이 병행해서 활용하고 있다는 생각이 든다. 검색을 하는 방법은 점점 유튜브(영상)로 넘어갈 거라 생각한다. 현재까지의 대학생들은 아직까지는 텍스트를 많이 쓰는 편이다. 내용 검색도 구글을 많이 활용하는 것으로 보여진다. 하지만 대학교 교육이라는 인식이 있었기 때문에 이런 행동들을 보여줬다고 판단한다. 실제로 교육 중에 과제를 영상 위주로 아웃풋을 만들라고 하니, 학생들이 매우 흥미롭게 교육에 몰입했던 기억이 있다.

3 | 비대면 업무방식 그리고 회의

한국과 해외 업무방식의 변화 비교 ↖

미국 대기업협회가 미국 내 기업 임원들을 상대로 조사한 결과, 임직원 4명 중 3명이 COVID-19 위협이 가라앉은 후에도 더 많은 직원들이 비대면 업무방식을 계속할 것으로 전망했다. COVID-19 사태로 인해 미국은 기업 종사자 최소 수백만명이 전통적인 대면 형태 근무에서 비대면 재택근무로 전환했다. 그리고 구글과 트위터 등의 거대 IT기업들은 2020년 말까지 대부분의 조직 구성원들이 비대면 재택근무 형태로 일을 수행할 수 있게 한다고 밝힌 바 있다.

특히 페이스북의 마크 저커버그 페이스북 최고경영자(CEO)는 전

직원들과의 화상 회의에서 앞으로 10년에 걸쳐 COVID-19로 바뀌게 된 새로운 업무 방식, 즉 재택근무를 중심으로 회사의 운영방식을 영구적으로 재조정하겠다고 밝혔다. 현재 페이스북의 전체 직원은 약 4만 5천명에 달한다.

영국에서도 지난 9월에 비슷한 조사를 실시하였다. 영국의 기업 로비단체 관리자 협회(IoD)는 985명의 기업 임원진을 상대로 조사를 하였고, 985개의 기업 중 74%가 향후 재택근무를 늘려나갈 계획이 있는 것으로 나타났다. 그리고 절반 이상이 장기적 관점에서 사무공간을 줄일 계획이라고 답했다. 이미 사무실을 축소하고 있는 기업을 대상으로 한 설문에 따르면, 44%가 재택근무가 '더 효율적'인 것 같다고 밝혔다.

COVID-19 영향으로 출장, 방문, 미팅 등 대면 업무가 어려워지자 원격 화상회의가 협업·소통 수단으로 자리를 잡고 있다. 온라인 화상회의 앱 업체인 '줌(Zoom)'은 2020년 5~7월 사이 매출이 전년 동기 대비 355% 증가한 6억6350만 달러(약7,900억 원)를 기록했다고 발표했다. 순이익도 1억8670만 달러를 기록했다. 기업 고객은 2019년 같은 기간에 비해 약 458% 증가한 것으로 나타났다. 줌은 2019년 10만 달러 이상의 매출을 올려준 대형 클라이언트 수가 2020년 2분기에 988개로 두 배 늘었다고 밝혔다. COVID-19의 여파로 재택근무가 확산하면서 줌 뿐만 아니라 시스코 웹엑스와 MS팀즈 등 화상회의 프로그램의 수요가 폭발적으로 늘었다.

한편 국내의 경우 대한상공회의소에서 국내기업 300여개사 인사담당자를 대상으로 실시한 '코로나 19 이후 업무방식 변화 실태'를 조사한 결과에 따르면, "COVID-19 이후 비대면(재택근무)업무 형태를 시행했다" 라고 응답한 기업은 34.3%로 코로나 이전보다 4배 이상 증가한 것으로 나타났다. 비대면 업무방식은 당초 우려와 달리

부작용이 크지 않았다. 조사에 따르면 대부분의 기업은 업무효율성이 이전과 비슷하거나 오히려 좋아졌다고 응답했다(비슷함 : 56.1%, 높아짐 : 27.5%). '원격업무, 화상회의' 등 비대면 업무에 대한 직원만족도는 '만족도가 높았다'로 82.9%가 응답하였다.

이렇게 '업무효율성, 직원만족도 결과가 긍정적이었음'에도 불구하고, 대다수 기업들은 '비대면 업무형태를 지속하는 것'에 부담을 느끼는 것으로 나타났다. 장기적으로 볼 때, 기존 대면 업무방식과 다른 업무형태가 성과에 악영향을 미칠 것으로 예상하기 때문이다. COVID-19 이후 비대면 원격업무 형태를 지속하거나 도입할 계획이 있는지에 대한 응답으로는 '전혀 없음'이 70.8%를 차지했다. 실제로 '비대면 원격업무 확대를 위한 선결과제'를 묻는 질문에는 '업무보고·지시 효율화' 답변이 51.8%로 가장 많았다. 이번 국내 기

업들의 비대면 업무방식에 대한 인식조사는 글로벌의 흐름과는 다르게 보여지고 있다. 최근 구글, 트위터 등 미국 IT기업들이 원격근무 확대를 발표하고 있으며, 일본의 도요타도 재택근무를 전 직원의 1/3까지 확대했다.

원거리 협업 그리고 근무환경의 변화는 이제 피할 수 없는 추세로 보여진다. 그리고 수많은 글로벌 기업들이 상당수의 직원들이 재택근무를 하는 것을 허용하고 있다. 비대면 원격업무 방식에 대한 다양한 조사들을 통해서, 해당 업무방식은 '편리함' 이상의 효과를 내고 있는 것으로 파악된다. 조직 구성원들을 한자리에 모을 수 없다면, 비대면 원격업무 방식이 차선책이 될 수 있다. 재택근무 또는 원격근무의 가장 큰 걸림돌은 '조직 구성원 간 커뮤니케이션의 한계'일 것이다. 그리고 그 대안이 될 수 있는 '화상 회의'에 대한 기업들의 적극적인 고민이 필요한 시점이다. 화상회의를 효과적으로 운영할 수 있는 사전준비 그리고 높은 회의효과와 성과를 담보할 수 있는 '파워풀한 협업툴(MURAL & MIRO)'에 주목하는 것은 의미가 있다고 판단된다. 기업들은 비대면 원격업무(회의방식)에 대한 사전준비를 통해, 실제 회의와 똑같지는 않더라도 비슷한 효과를 낼 수 있다.

비대면 회의 Untact Meeting ↖

대면 업무 형태에서 진행되는 대부분의 회의는 회의참여자들이 회의장소에 모여 진행이 된다. 보통 한 명의 발표자가 본인이 준비한 문서나 PPT를 빔프로젝터를 활용하여 내용을 공유한다. 세션별 발표자는 회의 성격에 부합하는 이슈를 공유하거나, 결과 위주로 내용 보고를 한다. 회의 기록의 방식은 텍스트, 그림(사진), 데이터가 첨부되는 형태로 진행된다. 대부분의 내용은 텍스트 위주로 정리가 되기 때문에, 회의가 종료된 이후에도 회의 전체적인 내용을 이해하는데 도움이 될 수 있으나, 텍스트 위주의 기록 내용을 토대로 비교·관계분석 그리고 추가적인 아이디어로 발전시키는 데 한계가 있다. 보통의 텍스트 위주의 정보들은 시간이 흐름에 따라, 대부분의 것들은 기억에서 잊혀지고 평균 약 13% 정도만 기억된다.

비대면 업무 형태에서 진행하는 회의도 위에서 언급한 기존의 회의 형태로 운영은 기능적으로 가능하다. 하지만 우리가 제안하는 비

대면 업무회의는 모습이 크게 다르며, 기대되는 효과도 훨씬 높다라고 예상한다. 우리가 비대면 업무 형태에서 권장하는 회의 방식은 디지털 퍼실리테이션(Facilitation: 업무와 관련한 문제를 조직 구성원 모두가 소통하고 합리적으로 대처하는 기술) 기능을 적극적으로 활용하는 언택트 회의 방식이다.

언택트 회의 방식은 크게 두 가지 요소가 결합되는 특징이 있다. 온라인 IT 환경과 그래픽 퍼실리테이션이 합쳐지게 되는 형태이다. 그래픽 퍼실리테이션은 텍스트, 이미지, 탬플릿 등을 적극적으로 활용하여 회의참여자들의 의견과 논의 내용 사이의 연관성이나 패턴을 포착하고 실시간으로 논의를 하는 것이다. 그래픽 퍼실리테이션의 장점으로, 회의 상황에서 텍스트 외 이미지 요소들이 결합되면 회의참여자들은 회의 내용을 약 85% 가량 기억해낼 수 있다. 다양한 이미지, 탬플릿이 활용되고, 온라인 상황에서 회의 참여자들이 실시간으로 참여를 하면서 발생할 수 있는 역동들은 회의 참석자들의 기억에도 도움이 될 것이고, 추가적인 아이디어를 도출하는 데 도움이 될 수 있다.

언택트 회의 방식에 MURAL과 MIRO와 같은 협업툴을 활용하게 되면, 회의 참여자들은 집이나 개인사무공간에서 본인 PC나 노트북을 활용하여 해당 프로그램(MURAL, MIRO)의 다양한 회의참여 기능을 활용하여 성공적인 회의 진행이 가능하다. 회의 진행 내용은 참여자들이 함께 공유할 수 있도록 논의가 진행되는 동안 계속 온라인으로 디스플레이 된다. 이렇게 구성되는 화면과 상황들은 회의 참여자들에게 좀 더 직감적이고 종합적인 메시지를 전달할 수 있다.

언택트 회의 방식은 다섯 가지의 주요 기능이 있다는 점을 주목해야 한다.

1. 아이디에이션 기능 아이디어나 의견을 참여자들이 동시 작성, Posting
2. 퍼실리테이션 기능 도출된 아이디어를 정리 및 유목화, 수렴 전 과정을 촉진, Arrange & Outline
3. 내용공유 기능 회의 아젠다와 관련한 다양한 정보를 공유, Template & Workshop
4. 커뮤니케이션 기능 도출된 정보와 관련한 의견을 참여자간 교류, Chating & Comments
5. 의사결정 기능 도출된 아이디어 중 우선순위를 결정, Voting

또한, 언택트 회의방식은 세 가지의 장점을 갖고 있다.

1. 회의에서 논의되는 내용이 실시간으로 기록되어 회의 참여자들이 논의 중인 내용에 집중하여 참여할 수 있게 돕는다. 나와 동료들이 함께 생각한 아이디어들이 온라인 화이트보드에 표현되는 경험들은 참여자들의 관심과 에너지를 불러일으킨다. 화면에서 다양한 생각들을 비교할 수 있고, 그 차이점을 비교할 수 있다. 그리고 바로바로 수정하고 보완을 하면서 온라인 회의에 대해 몰입할 수 있게끔 만든다.

2. 회의에서 논의되는 내용 전체를 참여자들이 손쉽게 확인할 수 있다. 대면 회의에서 구두로만 진행이 되어, 서로의 생각 속에 남아 있던 회의 진행사항들을 온라인 화면상에서 함께 같은 것을 볼 수 있다. 각자의 생각으로 해석하거나 놓쳤던 부분들을 바로바로 확인할 수 있어서, 회의 전체 내용을 체계적으로 이해하고 발전시킬 수 있다.

3. 구두로 회의가 진행되고, 회의 내용을 텍스트로 정리하는 방법에는 한계가 있다. 그러나 다양한 이미지, 템플릿으로 시각적으로 공유되고 실시간으로 함께 협업해서 만들어간 회의 결과물은 참여자들에게 명확한 이미지로 남게 되어 모든 참여자들이 같은 방향을 쉽게 볼 수 있다. 그리고 이런 패턴들은 참여자들의 기억에 오래 남을 가능성이 높다.

뮤랄 퍼실리테이션
온라인 회의 미로

4 뮤랄 기본 기능

뮤랄 · MURAL은 우리 말로 하면 '벽화'다. 벽화 유래는 원시 시대로 거슬러 올라간다. 알타미라(Altamira), 라스코(Lascaux) 동굴 벽화가 익히 들어 알고 있는 곳이고 이 밖에도 코냑(Cougnac), 페쉬메를(PechMerle), 에카인(Ekain) 등이 대표적인 벽화 발굴 지역이다. 우리나라는 반구대 암각화가 있다.

이곳 벽화 소재는 대부분이 동물이다. 이를 두고 종교적 숭배 대상화 한 것이라는 주장이 있고, 창던지기 연습을 한 것이라는 반론도 있다. 벽화 곳곳에 뾰족한 창이 페인 흔적 때문이다. 해서 원시 시대 벽화 용도는 사냥 예행연습용이라는 후자 주장이 최근 더 설득력을 얻고 있다.

이런 벽화를 활용한 생활 양식은 시대가 바뀌어도 좀처럼 바뀌지 않았다. 급기야 현대에 들어서는 저항 상징으로까지 진화했다. 이를 대표하는 인물이 바로 '키스 해링·Keith Haring'이다. 흔히 담벼락 낙서쯤으로 안중에도 없던 그림을 '그라비티·GRAVITY'라는 예술 장르로 끌어올린 인물이다.

뮤랄이 정확하게 키스 해링 행위에서 영감을 얻어 이름을 붙였는지는 알 수 없다. 하지만 뮤랄이 끊임없이 얘기하는 핵심어에 '혁신'과 '상상력'이 있다. 어디까지나 추론에 불과하지만 뉴욕 뒷골목 벽화를 통해 사회 폐습을 고발하고 환기하는 사회운동가 키스 해링 면모를 뮤랄은 저항 측면보다는 혁신으로 본 것 같다.

이런 점이 가장 잘 드러난 부분이 바로 캔버스다. 마치 키스 해링이 벽화를 선택한 까닭이 규격화한 캔버스를 버리고 누구나 자유롭게 자기 의견을 피력할 수 있는 뉴욕 거리로 나선 것처럼 보였기 때문이다.

뮤랄 캔버스 크기는 화면 비율 200%를 최고치로 9216×6237 픽셀(px)이다. 센티미터로 환산하면 243×165cm, 마치 광활한 대초원 위에 서서 끝도 없는 지평선을 보는 듯한 착각이 드는 것이 전혀 이상하지 않다.

반면에 최소 크기는 3000×3000 픽셀(px), 화면 비율 13%, 센티미터로 환산하면 79×79cm이다. A4 용지 크기가 21×29cm임을 감안할 때 A4 용지 최대 10배, 최소 2배 크기쯤으로 기억해 두면 편리하다.

이런 뮤랄 캔버스를 다루는 기능은 총 다섯 곳에 분산되어 있다. '커뮤니케이션 영역', '의사결정 영역', '공유 영역', '위치 확인 영역', '퍼실리테이션(Facilitation: 업무와 관련한 문제를 조직 구성원 모두가 소통하고 합리적으로 대처하는 기술) 영역'쯤으로 부를 수 있다. 이 기능은 퍼실리테이터와 참석자 간 화면이 서로 다르고, 쓸 수 있는 기능도 다르다.

이를테면 퍼실리테이터는 아이디어를 얻기 위한 발산과 수렴 전 과정을 촉진하는 기능 중심이고, 참석자는 정보를 공유하고 의견을 교류하고 의사결정에 참여하는 기능만 쓸 수 있다. 이해를 돕기 위해 퍼실리테이터 화면 중심으로 기능 설명을 하면 아래와 같다.

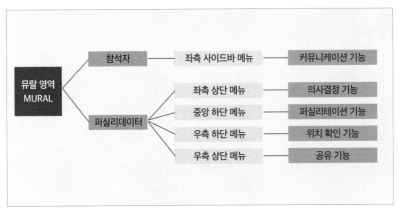

뮤랄 영역

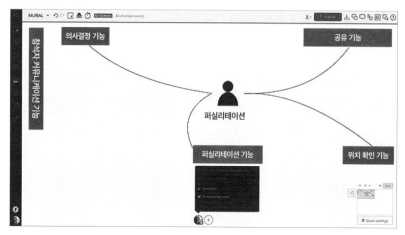

뮤랄 캔버스에서 보기

참석자 커뮤니케이션 기능·화면 좌측 사이드바 메뉴

참석자 커뮤니케이션 기능 메뉴

① **텍스트·Text** 아이디어를 표현하는 기본 도구들이다. 템플릿 작

성에 필요한 '제목·Title', '글 상자·text box', 질문과 답변·피드백 기능을 하는 '코멘트·Comment', 아이디어와 의견을 표현·제시하는 '스티커 노트·Sticky Note'(이하 포스트잇 Post-it)를 쓸 수 있다.

② **도형·Shapes and Connectors** 다이어그램을 만들 때 또는 어떤 메시지를 시각적으로 표현할 때 쓰는 선과 도형들이다. 직선과 곡선·화살표를 만들 수 있고, 원·삼각형·사각형·마름모·오각형·육각형을 쓸 수 있다.

③ **아이콘·Icons** 시각적·감성적 아이디어를 표현할 때 쓴다. 키워드 검색으로 아이콘을 찾을 수 있다.

④ **프레임 프레임·Frameworks** 아이디어를 구조화하거나 시각적으로 드러낼 때 쓴다. 다섯 종류가 캔버스에 탑재되어 있다. 제공하는 기본 프레임은 레이아웃·LAYOUTS, 디자인 싱킹·DESIGN, 회상·Retrospective으로 대표되는 애자일·AGILE, 5WHY 등 분석·정리용 비즈니스·BUSINESS, 일정 관리·CALENDARS 등이다. 이보다 더 다양한 프레임은 템플릿·Templates 메뉴에서 찾아 쓸 수 있다.

⑤ **이미지·Images** 구글 이미지 검색과 연동하고 있다. gif 파일 형식 찾아 쓸 수 있다.

⑥ **즐겨찾기·Contents Library** 자주 쓰는 템플릿과 이미지 등을 저장하는 공간이다. 수시로 꺼내 쓸 수 있다.

⑦ **파일 업로드·Import files** 내 컴퓨터·From your computer,

마이크로소프트사 원 드라이브·From OneDrive, 구글 드라이브·From Google, 드롭박스·From Dropbox에 저장한 자료를 캔버스로 불러와 쓸 수 있다.

⑧ **드로잉 펜·Draw** 이른바 손글씨 또는 그림을 직접 그릴 수 있는 기능이다.

커뮤니케이션 기능 중 가장 활용도 많은 것은 포스트잇이다. 단축키를 알아 두고 쓰면 효과적이다.

- 정사각형(3×3) 포스트잇 단축키 : Ctrl + Alt + N
- 직사각형(5×3) 포스트잇 단축키 : Ctrl + Alt + M
- 원형 포스트잇 단축키 : Ctrl + Alt + X

의사결정 · 화면 좌측 상단 메뉴

의사결정 기능 메뉴

① **투표 기능·Voting Session** 여러 아이디어 중 우선순위를 정할 때 쓴다. 다수결 투표 방법 중 닷 보팅·dot voting을 연상하면 금세 이해할 수 있다.

② **비밀 유지 기능·Private Mode** 이 기능을 실행하면 포스트잇에 쓰는 개개인 의견을 퍼실리테이터를 포함하여 화면에서 서로 볼 수 없다. 이 기능을 해제해야 비로소 포스트잇에 쓴 의견을 화면에서 읽을 수 있다.

③ **시간 설정·Timer** 투표 시간 설정 또는 브레인스토밍 시간을 설정할 때 쓴다. 실행 중 1분 또는 5분 등 원하는 시간만큼 추가할 수 있다.

④ **특별한 기능·Fcilitation Superpowers** 주요 기능인 '시간 설정·Timer', '퍼실리테이터를 주목해 주세요·Summon', '발표 요청·Outline', '템플릿 잠금 기능·Super Lock', '색깔 설정·Change the mural size and background color', '축하·Celebrate', '커서 숨김·Hide everyone's cursors', '비밀 유지 기능·Private Mode' 설명을 소개하는 메뉴다. 뮤랄 기능에서 따로 설명하고자 한다.

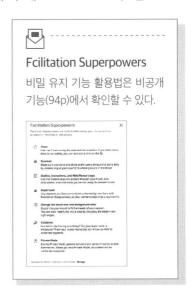

Fcilitation Superpowers
비밀 유지 기능 활용법은 비공개 기능(94p)에서 확인할 수 있다.

중앙 하단 메뉴

① 퍼실리테이터를 팔로우 하십시오·Ask to be followed 워크숍 중 퍼실리테이터가 이 기능을 실행하고 참석자가 팔로우를 승인하면 퍼실리테이터 화면과 참석자 화면이 똑같아진

기능 메뉴

다. 워크숍 실습 방법 설명을 할 때 쓰면 효과적이다.

② 퍼실리테이터를 주목하십시오·Summon 실습 활동 중인 참가자를 퍼실리테이터가 자신에게 주목시킬 필요성이 있을 때 쓰는 기능이다.

③ 축하·Celebrate! 워크숍 활동을 마쳤을 때 또는 참가자를 격려하고 축하할 때 쓴다.

④ 마우스 커서 표시·Broadcast my cursor 이 기능을 해제하면 퍼실리테이터 뿐만 아니라 다른 참석자는 내 마우스 커서를 볼 수 없다.

⑤ 다른 참석자 마우스 커서 표시 해제·Don't show me cursors 이 기능을 실행하면 다른 참석자 마우스 커서가 내 화면에서 사라진다.

⑥ 전화·Start Quick Talk 콘퍼런스 콜 기능이다.

여러 사람이 동시에 실습 활동을 할 때 마우스 커서 움직임이 간혹 혼란스러울 때가 있다. 이때 커서 숨김 표시 기능을 쓰면 혼돈을 줄일 수 있다. 하지만 장시간 이 기능을 실행하면 화면이 정지한 듯 고립감을 느낄 수 있다. 이 점을 고려해 작동 시간을 짧게 하는 것이 이롭다.

위치 확인·우측 하단 메뉴 ↖

① 캔버스 확대·축소 화면은 최대 200%, 최소 13%로 설정할 수 있다.

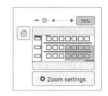

위치 확인 기능 메뉴

② 캔버스 이동·Move Mode 손바닥 아이콘을 클릭하면 캔버스를 이동할 수 있다. 이때 다른 메뉴는 선택 또는 실행할 수 없다.

③ 캔버스 모니터 캔버스 구성 요소 레이아웃을 볼 수 있고, 캔버스를 움직일 때마다 핑크색 직사각형 창이 현재 위치를 알려준다.

④ 마우스 또는 트랙패드 세팅·Zoom settings 캔버스 내 여러 활동을 마우스로 할 것인지 트랙패드로 할 것인지를 결정하는 기능이다.

종종 포스트잇이 너무 크게 만들어지는 경우가 있다. 포스트잇 사이즈 조정을 하는 방법도 있겠지만 캔버스 화면 비율을 45%~65% 내로 설정하면 쓰기에 알맞은 포스크잇을 만들 수 있다.

공유·우측 상단 메뉴 ↖

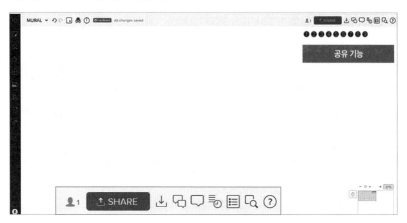

공유 기능 메뉴

① **참석자 확인·Member** 뮤랄 캔버스에 접속한 참석자가 몇 명인지를 확인할 수 있다.

② **공유 방식** 뮤랄 캔버스를 공유하는 방식을 결정할 수 있다. '참석자 초대·INVITE PEOPLE', '링크·VISITOR LINK', '이미지·PDF·ZIP 파일 중 1개 형식으로 공유', '삽입 방식·EMBED' 등 4종류가 있다.

③ **내보내기·EXPORT** 뮤랄 캔버스 내 워크숍 활동 결과물을 이미지·PDF·ZIP 파일 형식 중 1개 방식을 선택해 다운로드받을 수 있다. 선택한 파일 형식은 등록한 이메일로 받는다.

④ **채팅·Chat** 뮤랄 캔버스 내에서 채팅이 가능하다.

⑤ **코멘트·Comments** 워크숍 내용 중 특정 주제에 대한 질문 또는 이에 대한 답변과 피드백 용도로 쓸 수 있는 기능이다.

⑥ 활동 기록·Activity 캔버스 제작과 수정, 퍼실리테이터와 참석자 간 대화뿐만 아니라 참석자 커뮤니케이션 활동 기록을 시간 순으로 저장한다.

⑦ 개요·Outline 캔버스 위에 설계한 워크숍 항목이다. 목차로 이해하는 편이 쉽고, 발표할 때는 AREA와 연결해 쓰면 프레젠테이션 효과를 낼 수 있다.

⑧ 찾기·Find 캔버스 내 특정 내용을 찾을 때 쓴다.

⑨ 도움말·Help '뮤랄 고객 지원 센터와 채팅·Chat with Cus - tomer Support', '뮤랄 기술 지원 센터·Go to the Help Center', '뮤랄 필수 기능 사용 안내·See Getting Started guide', '뮤랄 기능 영상으로 익히기·Watch Intro video', '단축키·Shortcuts', '최근 소식·See What's new' 외에도 자주 쓰는 기능을 안내하고 있다.

뮤랄 도움말 메뉴 목록

참석자 초대·INVITE PEOPLE, Outline, 내보내기·Export 기능은 자주 쓸 뿐만 아니라 중요한 퍼실리테이션 기능이다. 이 중 Outline 기능 아이콘을 클릭하면 우측 Outline 전용 창이 열린다. 이 전용 창을 여는 유일한 기능이다.

5 뮤랄 퍼실리테이션

아이디어 유목화 ↖

뮤랄이 퍼실리테이터에게 주목받은 것은 '배열·Arrange' 기능 때문이다. 퍼실리테이션(Facilitation: 업무와 관련한 문제를 조직 구성원 모두가 소통하고 합리적으로 대처하는 기술) 기법 중 가장 첫 번째 기본은 여러 아이디어를 유목화·Chunking 하는 일이다. 한데 줌·Zoom 화상 강의로는 이 활동이 불가능하다. 화이트보드를 쓴다고 해도 드로잉 펜으로는 한계가 있다.

　여타 온라인 퍼실리테이션 도구는 나열은 가능하다. 이 방식은 퍼실리테이터가 제시한 관점 아래 아이디어를 붙이는 방식으로 매

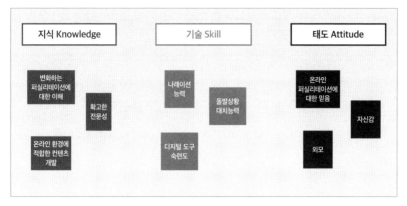

보편적인 K·S·A 온라인 워크숍 화면

트릭스 기법이다. 하지만 유목화는 불가능하다. 설사 유목화를 했다 해도 그 방식이 시스템은 아니다. 퍼실리테이터가 한 땀 한 땀 올을 엮듯 해야 한다. 온라인 퍼실리테이션은 불가능한 것인가라고 고민이 깊어질 때쯤 뮤랄이 이 문제를 해결했다.

뮤랄 배열 메뉴는 앞서 언급한 다섯 가지 영역 어디에도 속하지 않은 팝업 형태를 띤다. MS 오피스 프로그램에 있는 '빠른 실행 도구 모음'을 연상하면 이해하기 쉽다. 이 도구 모음 특징은 캔버스 내용 구성과 설계 시 '강조', '배열', '정렬', '간격 조정', '구성 요소 형태 지정'을 할 때 꼭 필요하다. 이 기능에 대한 안내는 부록을 참고하길 바라며, 여기서는 배열 메뉴를 활용한 퍼실리테이션 기법을 소개하고자 한다.

배열 메뉴는 '유형별 관리·By Type', '가로 배열·Into a Row', '세로 배열·Into a Colum', '포스트잇을 격자무늬로 배열하는 그리드·In a Grid' 등 네 종류이다. 이 중 '유형별 관리' 기능을 쓰면 유목화를 할 수 있다.

배열 메뉴 중 '유형별 관리'를 활용한 퍼실리테이션

① 작동원리 유형별 관리 기능으로 유목화하는 방법은 두 가지이다. 하나는 색깔로 하는 것이고 다른 하나는 형태로 한다.

색상으로 유목화

뮤랄 색상으로 유목화 전

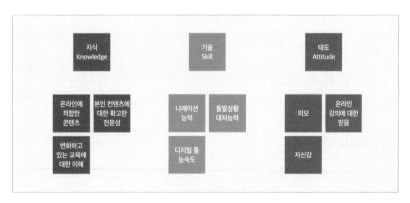

뮤랄 색상으로 유목화

형태로 유목화

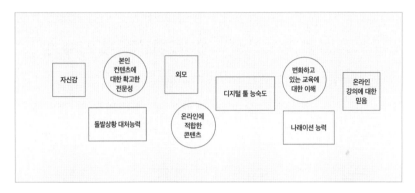

뮤랄 도형 형태로 유목화 전

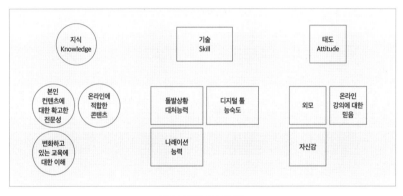

뮤랄 도형 형태로 유목화

　한데 앞서 말한 매트릭스 방식과는 확연한 차이점이 있다. 매트릭스 방식은 퍼실리테이터가 제시한 관점 아래 참석자는 아이디어를 나열한다. 하지만 뮤랄 유형별 관리 기능을 쓰면 퍼실리테이터는 범주화한 아이디어 특징을 살린 제목을 직접 써야 한다. 이런 유목화 방식을 상향 유목화(Chunking Up)라고 한다. 아이디어를 일반화하여 핵심을 간파하는 방식으로 심리학자 에릭슨(Erik Homburger Erikson · 1902~1994) 상담 기법을 응용한 것이다. 반면에 매트릭스 방식은 추상적인 관점 즉, 퍼실리테이터가 제시한 관점으로부터 구체적인 아이디어를 얻는 하향 유목화(Chunking Dawn) 방식이다.

② **사용 시기** 여러 주제 중 토론 주제를 세 개 내외로 그 범위를 좁혀야 할 때 또는 브레인스토밍을 마친 후 다소 어수선한 분위기를 정리하고 내용에 주목할 필요가 있을 때에 쓰면 효과적이다.

③ **주의 사항** 유형별 관리 기능은 포스트잇 내용을 인식하는 것이 아니다. 색과 형태를 관리하는 것이다. 해서 이 기능을 퍼실리테이션 기술로 쓰기 위해서는 사전 계획과 예행연습이 필요하다.

④ **프로 팁** 색으로 유목화를 할 때 어떤 색상이 앞자리를 차지하는지를 반드시 확인해야 한다. 해서 참석자에게 포스트잇 색상을 지정할 필요가 있다. 형태로 유목화할 때도 마찬가지다. 통상 색은 짙은 색이, 형태는 원형이 앞자리를 차지한다.

⑤ **온라인 퍼실리테이션 적용** 분임조를 만들어야 할 때 이 기능을 쓰면 아이스 브레이킹 효과가 있다. 이를테면 참석자는 포스트잇에 자기 이름을 쓴다. 그다음 퍼실리테이터가 지정한 네 가지 색 중 하나를 참석자는 선택한다. 이 두 가지 일이 끝나면 퍼실리테이터는 유형별 관리 기능을 실행하여 상향 유목화를 완성한 후 각 범주에 미리 준비한 분임조 번호를 부여한다. 줌 화면에도 이를 반영하도록 이름 바꾸기를 요청한다. 예를 들어 '1조_한OO'으로 말이다.

유형별 기능을 활용한 분임조 만들기

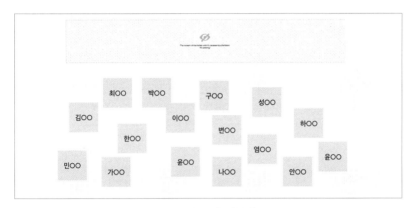

유목화 기능을 작동하기 전

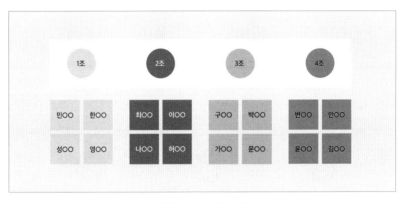

유목화 기능으로 분임조 완성

아이디어 유목화 기능은 뮤랄이 유일하다. 이 기능 하나만으로도 뮤랄을 쓸 이유가 충분하다. 하지만 퍼실리테이션 전 반드시 유목화 기능이 숙련되어 있어야 그 가치를 발휘할 수 있다.

포스트잇으로 대화하기 ⬉

퍼실리테이터와 참석자 간 대화는 포스트잇으로 한다 해도 지나치지 않는다. 그 방법도 아주 쉽다.

포스트잇을 활용한 퍼실리테이션

① **작동원리** '더블 클릭·Double Click' 하면 캔버스에 포스트잇이 생긴다. 이 방법이 다가 아니다 엑셀을 포함한 모든 오피스 프로그램 중 하나를 선택해 아이디어 쓰기를 한 후 복사해서 캔버스에 붙여 넣으면 포스트잇이 된다.

이뿐만 아니라 '포스트잇 POST-it' 애플리케이션을 활용하면 대면 워크숍에서 쓴 포스트잇을 뮤랄로 고스란히 가져올 수 있다. 온라인과 오프라인을 넘나드는 하이브리드·Hybrid 워크숍 역시 가

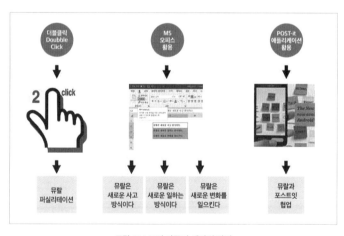

뮤랄 포스트잇 만들기 세가지 방법

능하다.

한데 이 기능을 쓰는 일이 마냥 쉽지만은 않은 듯싶다. 뮤랄 공개 과정 초기 가장 많은 문의사항 중 하나가 있다. 그것은 시니어를 대상으로 온라인 퍼실리테이션을 해야 하는 경우였다. 줌 화상 강의에 대한 낯섦이 채 가시기도 전에 '링크', '접속', '방문자', '더블클릭' 등 용어가 생소한 점, 컴퓨터를 다루는 숙련도가 높지 않은 점을 들어 뮤랄 사용을 주저주저했다. 충분히 공감하는 바다. 해서 아래와 같은 방식을 추천하곤 한다.

② **사용 시기** 더블클릭으로 만든 포스트잇은 특별한 사용 시기가 있지는 않다. 뮤랄 퍼실리테이션 기본 중 기본이기 때문이다. 반면에 MS 오피스 프로그램을 활용한 퍼실리테이션은 앞서 언급한 시니어 대상 또는 참석자가 20명 이상일 경우 사용을 고려할 필요가 있다. 또한, 이 기능은 워크숍 결과물을 정리할 때 쓰면 제격이다. 애플리케이션을 활용한 퍼실리테이션 역시 사용 시기를 특정하는 것은 의미 없다.

③ **주의사항** 포스트잇 애플리케이션은 현재 아이폰에서만 가능하다. 안드로이드 환경에서도 곧 이 기능을 쓸 수 있을 것이다. 뮤랄 측 답변에 따르면 올 상반기 내라고 했다.

④ **프로 팁** MS 오피스 프로그램을 활용한 포스트잇 퍼실리테이션은 '복사하기 − 붙여넣기' 기능으로 이루어진다. 하지만 역으로 포스트잇 내용을 엑셀 등 오피스 프로그램으로 옮겨 쓰기 위해서는 특별

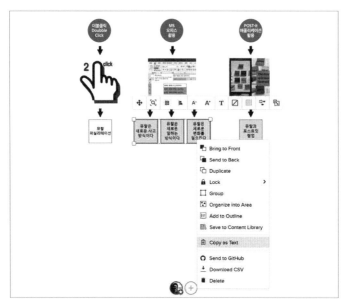

뮤랄 포스트잇 편집 기능 펼침 메뉴 바

한 기능을 써야 한다.

포스트잇을 선택한 후 마우스 오른쪽 버튼을 눌러 실행하면 나타
나는 메뉴 중 '텍스트로 복사·Copy as Text' 기능을 선택한다. 그
다음 엑셀 등 오피스 프로그램으로 이동한 후 붙여 넣기 기능을 실
행해야 한다.

⑤ **온라인 퍼실리테이션** 뮤랄을 처음 소개할 때 MS 오피스 프로그
램을 활용한 퍼실리테이션은 참석자에게 신선한 경험을 안겨 준다.
이 경험은 참석자에게 '뮤랄! 쉽네~'라는 인식을 심어준다. 사실 참
석자 입장에서 뮤랄은 쉽다. 더블 클릭 말고는 특별한 수고가 없기
때문이다.

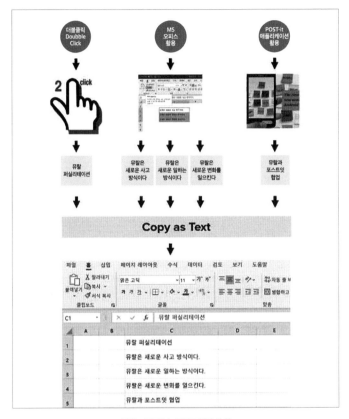

뮤랄 MS오피스 프로그램과 호환

포스트잇은 뮤랄 퍼실리테이션 기본 커뮤니케이션 기능이고, 캔버스 어느 곳에서든 더블 클릭하면 포스트잇을 만들 수 있다. 개인 별 의견이 필요한 워크숍은 더블 클릭 기능으로, 줌 소그룹 토의 기능을 활용한 의견 수렴일 때는 MS 오피스 프로그램을 활용하는 방안을 고려할 수 있다.

비공개 기능 · Private Mode ✎

뮤랄을 퍼실리테이션 실전에 쓰기 시작한 것은 2020년 8월부터다. 뮤랄에 대한 퍼실리테이터 관심이 증폭하고 있었다. 한데 불편한 점 또한 있었다. 그중 한 분이 '요즘 퀴즈 프로그램이 대세인데, 뮤랄은 그런 기능은 없나요?'라는 질문을 내게 했다.

그때 내 답변은 '개요 · Outline' 부속 기능인 '콘텐츠 숨기기 · Hide this content in the mural' 기능을 소개했다. 그랬더니 손사래를 치며 '참석자가 쓰는 답을 서로 볼 수 없어야지요'라는 것이다. 또 한 번은 속 깊은 얘기를 포스트잇에 쓸 때 다른 사람이 안 봤으면 좋겠다는 의견에도 적절한 답변을 내지 못했다. 적어도 '비공개 · Private Mode' 기능이 업데이트되기 전에는 말이다.

뮤랄 비공개 기능 실행 직전 화면

비공개 기능을 활용한 퍼실리테이션

① **작동원리** 누군가 내 행동을 보고 있다면 아이디어를 내거나 회고 할 때 자기 속마음을 제대로 드러낼 수 없다. 이런 문제를 심도 있게 고려한 끝에 '비공개' 기능이 등장했다. 이 기능을 퍼실리테이터가 실행하면 참석자 서로 심지어 퍼실리테이터도 볼 수 없는 상황하에서 아이디어와 의견을 맘껏 쓸 수 있다. 이 기능은 특히 집단사고를 방지하는 데에도 탁월하다.

② **사용 시기** 워크숍 주제에 따라 사용 여부를 결정할 테지만 허심탄회한 의견이 필요한 조직 활성화 워크숍 초반에 쓰거나 의사결정 시점에 쓰면 효과적이다.

③ **주의사항** 비공개 기능을 실행할 때 퍼실리테이터는 줌을 통한 화면 공유는 잠시 내리는 것을 추천한다. 또한, 이 기능을 실행할 때에는 '마우스 커서 표시 · Brodcast my cusor' 기능을 해제하는 것은 물론 '다른 참석자 마우스 커서 표시 · Don't show me cursor' 기능도 해제해야 이 기능이 실력 발휘를 한다. 즉, 퍼실리테이터는 참석자에게 두 기능 모두를 해제하도록 하고 비공개 기능을 실행해야 한다.

퍼실리테이터와 참석자 모두 마우스 커서 공개 상태

뮤랄 비공개 기능 실행 전 마우스 커서 상태

비공개 기능 실행 후 퍼실리테이터 화면, 퍼실리테이터 마우스 커서는 공개 상태

뮤랄 비공개 기능 실행 후 퍼실리테이터 화면

96

비공개 기능 실행 후 참석자 1의 화면: 참석자 1은 마우스 커서 공개, 참석자 2는 마우스 커서 공개 해제 상태

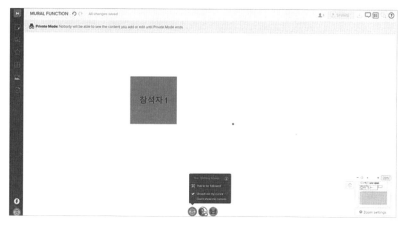

뮤랄 비공개 기능 실행 후 참석자 2 화면

비공개 기능 실행 후 참석자 2의 화면: 참석자 2는 자신의 마우스 커서와 다른 참석자 마우스 커서 보기 모두를 해제한 상태

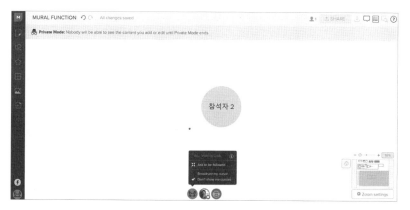

뮤랄 비공개 기능 실행 후 참석자 2 화면

④ **프로 팁** 비공개 기능을 해제한 후 다시 실행할 때 한 번 공개한 포스트잇은 비공개 대상에서 제외된다.

뮤랄 비공개 기능 해제 후 비공개 기능 재설정 시 화면

⑤ **온라인 퍼실리테이션** 비공개 기능과 마우스 커서 활용 방법을 제대로 익히면 퀴즈 프로그램 운용이 가능하다. 또한, 카드를 활용한 여타 프로그램 역시 어려움이 없다.

Private Mode 역시 뮤랄을 대표하는 기능이다. 그만큼 특별하게 쓸 필요가 있다. 여기에서는 퀴즈 프로그램 등을 소개하고 있지만 조직 개발 워크숍과 회고와 성찰 워크숍 시 쓸 수 있다. 단, 시간을 설정할 경우 심사숙고할 충분한 시간을 제공해야 한다.

프라이빗 모드 퀴즈 프로그램 템플릿

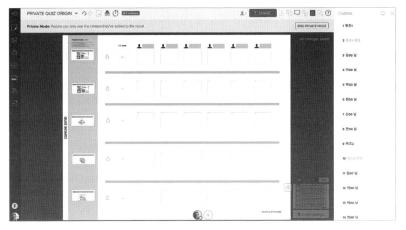

뮤랄 비공개 기능 활용한 퀴즈 프로그램 템플릿

투표 기능 설정 ▸

뮤랄은 '투표 기능'을 소개하는 글에서 '합의에 도달하는 수준을 높인다'라고 밝혔다. 퍼실리테이션 여정 중 가장 중요한 지점에 있는 일 중 하나가 바로 '합의'이다. 퍼실리테이터가 필요한 본질적인 까닭 역시 여기에 있다고 본다.

커다란 얼음덩어리 여러 개가 한곳에 모여 있는 듯한 참석자 간 분위기를 쇄빙선으로 깨고 아이디어를 촉진하는 퍼실리테이션 목적 역시 이 때문이다. 해서 정교하고 세밀한 참석자 개개인 이해관계를 만족시킬만한 기술을 꽤 오래전부터 개발하고 발전시켜 왔다. 이 중 가장 대중적인 방법이 바로 이 투표이다.

투표는 퍼실리테이션 상황에서 워크숍 목적과 논의 수준에 따라 명칭과 종류가 세분화되어 있다. 1인 1표 방식에서 출발해 1.5배수 투표권을 부여하는 그린닷 보팅·Green Dot Voting, 결선 투표 방식·Multi Voting 이 두 종류가 대표적이다. 뮤랄 투표 기능은 이 두 방식을 모두 쓸 수 있다.

투표 기능을 활용한 퍼실리테이션

① **작동원리** 1인 1 투표권을 부여하는 방식을 기본으로 퍼실리테이터는 참석자 한 명에게 최대 20표까지 부여할 수 있다. '투표 세션 시작·Start Voting Session'과 함께 쓸 수 있는 기능은 '결과 페이지 표시·Show Result Page', '투표 표시·Show Votes', '투표 세션 삭제·Delete Voting Sessions' 등 네 종류가 있다.

포스트잇 중앙에 마우스 커서를 놓고 클릭하면 투표를 한 것이고, Shift 키를 누르고 방금 투표한 포스트잇을 클릭하면 투표는 취소된다. 한 개 아이디어에 투표권 전부를 쓸 수도 있다.

② **사용 시기** 주제 선정 또는 우선순위를 선정할 때. 또는 최종 해결(안)을 결정할 때에도 쓸 수 있다. 이 내용을 포괄적으로 정리하면 아이디어를 계층화 또는 구조화할 필요가 있을 때 투표 기능을 쓰면 효과적이다.

③ **주의사항** 투표를 하면 포스트잇 우측 상단에 동그라미가 생긴다. 이 원에는 숫자가 적혀 있고, 숫자는 득표 수이다. 득표 수가 증

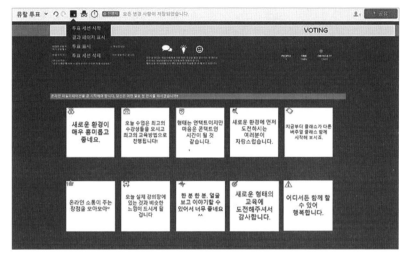

뮤랄 투표 기능 화면

가할 때마다 원은 커진다. 반대로 1표일 경우에는 작은 점에 불과하다. 간혹 이 작은 점을 발견하지 못해 자신이 투표를 했는지 여부를 모를 때가 있다. 이 점을 퍼실리테이터는 참석자에게 꼭 알려야한다.

투표 방법에 대한 안내

뮤랄 투표 기능 화면

투표하면 포스트잇 우측 상단에 득표 수가 나타난다.

뮤랄 투표 득표 수 화면

④ **프로 팁** 투표는 아이디에 가치를 부여하는 시간이다. 투표 시간 설정과 함께 쓰는 것을 추천한다. 긴장감을 살짝 유발하고 투표에 집중하게 만들기 때문이다. 투표 시간은 최장 99시간까지 설정할

수 있다.

⑤ **온라인 퍼실리테이션** 투표는 여러 번 반복할 수 있다. 이를테면 1인 1표 방식을 기준점으로 멀티 보팅과 그린닷 보팅을 어떻게 설계하느냐에 따라 합의 수준을 높일 수 있다.

한 주제를 두고 여러 차례 투표할 수 있다(좌측 사이드바).

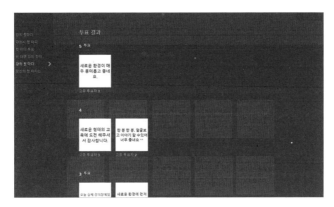

뮤랄 투표 결과 화면 1

뮤랄 투표 결과 화면 2

셀레브레이트

대면 퍼실리테이션 경험을 온라인 퍼실리테이션 가치로 만들 수 있다는 용기를 갖게 한 결정적인 뮤랄 퍼실리테이션 기능이 하나 있다. 이렇게 운을 떼면 지인 한 분이 금세 대답한다. '셀레브레이트·Celebrate'라고 말이다.

이 기능은 '긍정적 협업 순간을 강화할 수 있다'라고 뮤랄은 말한다. 나 역시 동의하는 바다. 한 발 더 나아가 이 '축하' 기능은 속 깊은 얘기를 꺼낸 참가자에게 위로와 위안을 준다. 직접 써 본 퍼실리테이터 한 분은 '신비한 체험'이라고까지 말했다. 해서 퍼실리테이터가 이 기능을 어떤 순간에 어떻게 쓸 것인지를 계획하고 실행한다면 온라인 퍼실리테이션은 완성한 것이라고 본다.

뮤랄 제작 과정 파타고니아 실습 템플릿

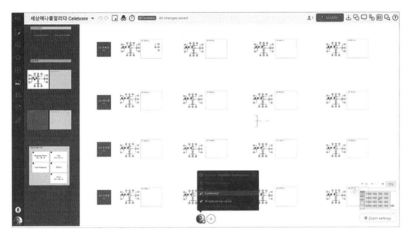

뮤랄 제작 과정 파타고니아 실습 템플릿

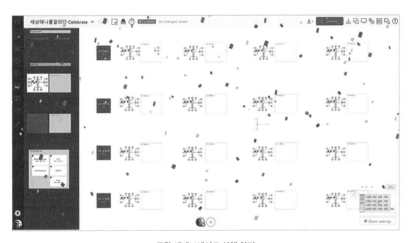

뮤랄 셀레브레이트 실행 화면

축하 기능을 활용한 퍼실리테이션

① **작동 원리** 뮤랄을 쓰는 일은 복잡한 문제를 해결하기 위함이다. 브레인스토밍 · 우선순위 선정 · 토의와 합의 등과 같은 여정을 공동으로 또는 개별적으로 작업한다. 셀레브레이트는 이 과정에서 있을 수 있는 긴장감을 완화하고, 협업을 강화하는 기능이다.

② **사용 시기** 우리 말 그대로 '축하' 할 일이 있을 때 쓰는 기능이다. 모두가 머뭇거릴 때 용기를 낸 발표자에게, 동료를 믿고 자기 속마음을 내 보였을 때 수준 높은 팀 워크 정신으로 공동 과제를 해결했을 때 등 퍼실리테이터는 이 순간을 놓쳐서는 안 된다.

③ **주의 사항** 수많은 마우스 커서가 캔버스 여기저기에 흩어져 있을 때 이 기능을 실행하면 어수선하고 지저분한 인상을 남긴다. 또한, 자주 사용하면 식상할 수 있다. 해서 앞서 말한 바처럼 이 기능은 계획이 중요하다. 의미를 담은 축하라면 더더욱 감동할 것이다.

④ **프로 팁** 음악과 함께 이 기능을 쓰면 효과는 두서너 배 증폭할 것이다. 아쉬운 대로 음소거를 해제한 후 동료들 음성으로 '축하해',

뮤랄 퍼실리테이션 기능 세 가지 차별점을 꼽으라면 아이디어 유목화 · Private Mode 와 함께 바로 이 축하 · Celebrate 기능을 주저 없이 꼽을 수 있다. 이 세 기능을 순차적으로 혹은 연계해서 쓰는 퍼실리테이션 설계와 실행을 한다면 수준 높은 뮤랄 퍼실리테이터로 거듭날 것으로 확신한다.

'잘했어', '해 낼 줄 알았어'라는 말을 곁들이면 잊지 못할 추억으로 남을 수 있다.

⑤ **온라인 퍼실리테이션** 사용 시기를 콕 집어 규정할 수 없다. 하지만 얼음덩어리 같은 참가자 마음을 깨는 쇄빙선 용도로 이 '축하' 기능을 썼더니 너무 신기해하더라는 말을 참고하면 이 기능은 사용 시기도 매우 중요한 듯싶다. 어느 시점에서 사용할 것인지를 계획하는 것은 역시 퍼실리테이터 몫이다.

발표 · AREA & Outline ⬉

뮤랄에는 '영역·AREA'이라는 기능이 있다. 캔버스에 영혼을 불어넣는 것이라고 나는 설명하곤 한다. 뮤랄은 캔버스에 구조를 부여하는 것이라고 말한다.

뮤랄 캔버스는 그야말로 광활하다. 이 생경함은 새로운 사고방식을 부추긴다. 이를 나는 영혼 불어넣기라고 말하곤 한다. 즉, 영혼에 어떤 색을 입히느냐에 따라 뮤랄은 이전에 본 적 없는 모습으로 내게 오기 때문이다. 종종 '뮤랄 한다'라고 말하는 의미는 바로 영혼 불어넣기를 말하는 것이다. 여기까지가 영역 기능에 대한 이미지라면, 실제 쓰임은 구조 즉, 틀·FRAME이라고 할 수 있다.

단순히 온라인 화이트보드 프로그램 도구를 숙련하는 일이라면 굳이 뮤랄을 쓸 필요는 없다. 한데 '상상력을 키워야 한다'라면 뮤랄

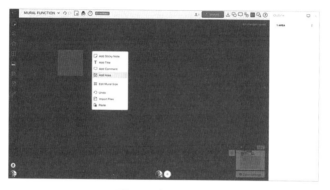

뮤랄 AREA 만들기 실행 메뉴

을 쓸 충분한 이유가 된다. 대화 방식과 교류 기술 모두를 새로 익혀야 하는 점이 따르지만 그만한 값어치는 한다. 이는 뮤랄 AREA로 사고방식과 세계관을 새로 짓는 일이다. 새 시대 새 희망을 안고 싶다면 나는 단연코 뮤랄 하는 것이 맞다고 본다. 이 일은 분명 일하는 방식에 대한 새로운 접근이기 때문이다. 그래서 이 AREA 기능은 뮤랄 핵심 중 핵심 기능이다.

영역·AREA 기능은 마우스 오른쪽 버튼을 클릭하면 나타나는 메뉴 그룹에 있다. '영역 추가·Add Area' 메뉴를 클릭하면 반투명 사각형이 캔버스에 등장한다. 주춧돌 놨다고 여기면 쉽다. 뮤랄은 이 AREA 기능을 어떻게 쓰느냐에 따라 생동감이 다르다.

영역·AREA 기능을 활용한 퍼실리테이션

첫째, 포스트잇과 영역 기능 협업

① **작동원리** 커뮤니케이션 기본 도구인 포스트잇은 캔버스 어느 곳에서든지 자유롭게 만들 수 있다. 자유로운 영혼과도 같다. 한데 이 포스트잇이 영역 기능을 만나면 태도가 달라진다. 이를테면 모범생이 된다고 할까. 방법은 이렇다.

영역·AREA를 만들고 그 위에 포스트잇을 만든다. 그럼 AREA

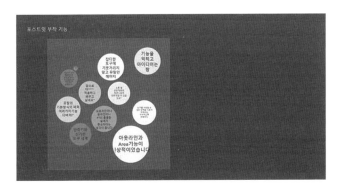

뮤랄 AREA 포스트잇 부착 기능 1

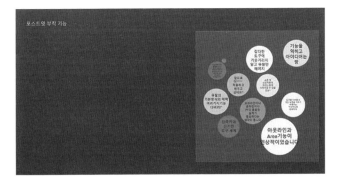

뮤랄 AREA 포스트잇 부착 기능 2

는 포스트잇을 꽉 붙잡아둔다. 마치 실습 전지에 포스트잇을 붙인 것과 흡사하다. 이를 '포스트잇 부착 기능'이라고 나는 말한다. 이 기능 특징은 포스트잇이 AREA에서 떨어지지 않고 AREA와 함께 이동한다는 점이다.

이와 반대로 '포스트잇 보호 기능'도 있다. 포스트잇 위로 영역·AREA를 덮어 씌우는 것을 말한다. 이 기능을 실행하고 이동을

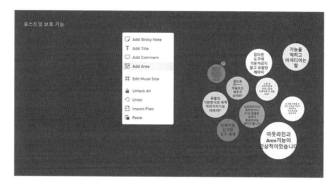

뮤랄 AREA 포스트잇 보호 기능 1

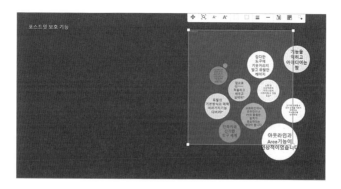

뮤랄 AREA 포스트잇 보호 기능 2

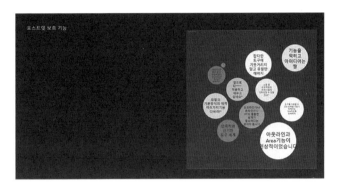

뮤랄 AREA 포스트잇 보호 기능 3

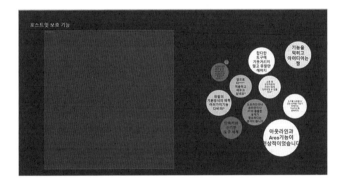

뮤랄 AREA 포스트잇 보호 기능 4

하면 '부착 기능'과 달리 AREA만 움직인다.

② **사용 시기** 포스트잇 부착 기능은 브레인스토밍 분임조 활동할 때, 보호 기능은 활동을 마친 후 발표 기능으로 활용하면 주목도도 높고 성공적인 퍼실리테이션을 완성할 수 있다.

③ **주의사항** 뮤랄을 실전에 처음 사용한다면 영역·AREA 설정 없이 포스트잇만 쓰는 것을 우선 추천한다. 이 점은 AREA를 다루는

기능 숙련도 차이에 따라 퍼실리테이션 수준이 결정될 수 있기 때문이다. 또한, AREA 설계는 상상력에 따라 화면에서 보여지는 양상이 다르다.

해서 이런 점을 고려할 때 부담 없이 뮤랄을 쓰면서 즐기는 방법으로 AREA 기능을 쓰지 않은 채 브레인스토밍 워크숍 하는 것을 추천한다. 여기서 한 발 더 나아가면 AREA 부착 기능으로 소그룹을 설정해 쓰거나 보호 기능은 발표할 때 쓰는 것을 AREA 기능을 익히는 시작점으로 삼는다면, 뮤랄 플랫폼에서 내려받은 템플릿 역시 내 의도대로 쓸 수 있다.

영역 설정 없는 브레인스토밍

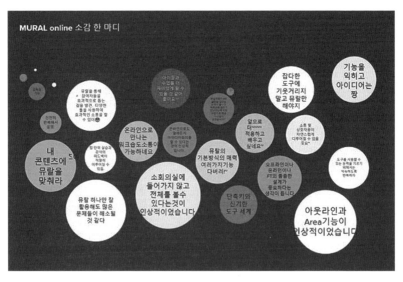

뮤랄 AREA 설정 없는 브레인스토밍 화면

영역·AREA를 활용한 분임조 활동

뮤랄 AREA를 활용한 분임조 화면

영역·AREA 보호기능을 활용한 발표 활동

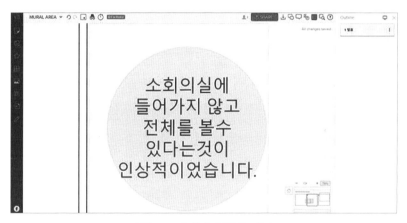

뮤랄 AREA보호기능을 활용한 발표 화면

④ 프로 팁 여러 아이디어 중 참석자 모두가 공유할 내용을 지정하고 작성자에게 발표를 요청하기 위해서는 영역·AREA 기능과 개요·Outline 기능을 협업해 써야 한다. 방법은 이렇다.

step 1 포스트잇에 영역·AREA를 씌운다.

step 2 영역 · AREA를 선택한 상태에서 마우스 오른쪽 버튼을 클릭 개요 추가 · Add to Outline 메뉴를 클릭한다.

step 3 캔버스 화면 좌측에 방금 클릭한 개요·Outline이 나타난다.

step 4 'Unnamed Area'를 '발표자 한 ○○ 님'이라고 이름을 수정한다.

step 5 발표자 의견이 화면 중앙에 자리한다.

⑤ **온라인 퍼실리테이션** 영역 · AREA 기능은 앞서 설명한 것에 그치지 않는다. 프레젠테이션이 필요할 때 반드시 써야 하는 기능이다. 요컨대 영역 · AREA 기능 하나는 파워포인트 슬라이드 1장과도 같고, 슬라이드 쇼 1장과도 같다고 할 수 있다.

프레젠테이션 기능은 개요 · Outline 창 우측 상단에 텔레비전 아이콘을 클릭하면 실행된다. 화면 전체를 쓰고 싶으면 'Enter Full screen' 메뉴를 한 번 더 누르면 된다. 풀 스크린 모드는 빔 프로젝터로 쏘는 화면과 비슷하다.

뮤랄 퍼실리테이션 설계·제작·실행은 영역·AREA 설정과 Outline·Lock 이 세 기능을 능수능란하게 다룰 수 있어야 한다. 그만큼 훈련해야 하는 점이다. 하지만 상상력이 빈곤하면 이 세 기능 30%밖에 쓰지 못한다. 따라서 뮤랄 퍼실리테이터로 거듭나기 위해서는 이 세 기능에 대한 탐구를 꾸준히 이어가야 한다.

프레젠테이션 기능 실행 화면

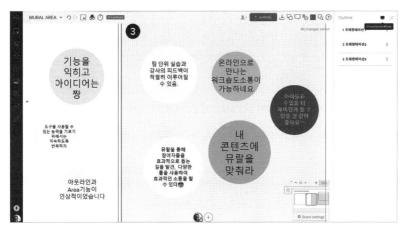

뮤랄 AREA를 활용한 프레젠테이션 화면

풀 스크린 모드 실행

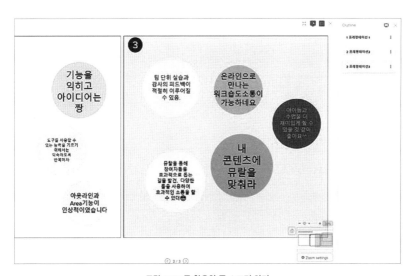

뮤랄 AREA를 활용한 풀 스크린 화면

템플릿 ↖

뮤랄을 퍼실리테이션 끝판왕이라고 부르는 것은 단순한 미사여구는 아니다. 포스트잇·아이디어 배열·투표·축하·AREA 기능이 놀라워서도 아니다. 이런 기술은 금세 따라 잡히곤 한다. 대면 퍼실리테이션이 오늘날 특별한 전문가로 자리매김 한 데에는 기술 발전도 무시하지 못하겠지만, 그보다도 사고방식과 됨됨이·존중·공동체·참여·협업 등 미래 지향적인 주제에 가치를 부여했기 때문이다. 이제이 일을 온라인 퍼실리테이션이 맡아 해야 한다. 내 이 주장에 영감을 준 문장이 있다.

뮤랄 퍼실리테이터이면서 Lane change 대표 컨설턴트로 활동하고 있는 네바다 레인·Nevada Lane은 '퍼실리테이션은 미래 기술'이라고 주장한다. 이는 코로나 팬데믹으로 인한 대혼란 시기에 자신이 해오던 대면 퍼실리테이션을 온라인으로 전환하는 데 뮤랄이 결정적인 역할과 깨달음을 촉진했기 때문이라고 말했다.

그 깨달음이란 '영감을 주고 변화를 주도하는 일'이 온라인 상황을 겪으면서 매우 중요한 일이고 이 일은 우연히 일어나지 않는다라는 것이다. 또한, 네바다 레인 대표는 우리가 이 행성에서 계속 살아가기 위해서는(이 말은 COVID-19 팬데믹 상황 하에서라는 뜻) '촉진·Facilitation'은 그 어느 때보다 중요한 비즈니스라고 주장했다. 자신이 뮤랄 퍼실리테이터로 거듭날 수 있었던 배경도 여기에 있다는 것이다.

네바다 대표 컨설턴트가 겪은 경험을 비슷한 시기 나 역시도 몸소 체험했다. 네바다가 무엇을 보고 느꼈는지는 세세하게 알 수 없지만 뮤랄 플랫폼을 통해 매일 같이 쏟아지는 수많은 템플릿을 보고 용기를 얻었다고 생각한다. 내가 그랬던 것처럼 말이다.

뮤랄 플랫폼에 올라온 'Vision – Mission – Strategies – Values' 템플릿.territory.co 제공

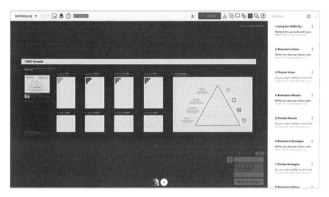

territory 사 템플릿 1

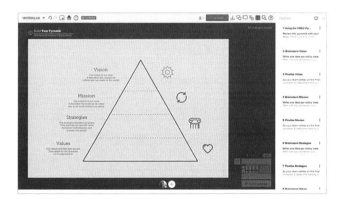

territory 사 템플릿 2

① **작동원리** 템플릿·Template 은 '무엇인가를 만들어 낼 때 안내하는 역할 또는 그 형식'이다. 개요·AREA가 영혼을 구조화하는 틀이라면 템플릿은 이 틀과 틀을 엮어 거대한 스토리를 만들 수 있다. 이것을 프로세스라고 말해도 좋다. 해서 템플릿을 만드는 일은 퍼실리테이터에게 있어 그야말로 상상력 게임과도 같다. 이런 템플릿을 만드는 방법은 의외로 간단하다.

step 1 어떤 퍼실리테이션 활동을 할 것인지를 상상하고 결정한다.

step 2 기본 구성 요소를 마련한다.

- 이 템플릿을 사용할 참가자 규모는?

- 참가자는 서로 잘 아는 사이인가?

- 참가자 인터넷 환경과 브라우저 환경은?

- 온라인 퍼실리테이션 참여 경험은?

- 뮤랄 사용 경험은?

step 3 템플릿 기획

- 아이스 브레이킹은 필요한가?

- 기능 사용 연습은 필요한가

- 개인별 공간이 필요한가? 팀 단위 공간이 필요한가?

- 커뮤니케이션 방법은 무엇으로 할 것인가?

- 요약·정리·결론 영역은 어떻게 준비할 것인가?

- 뮤랄 외에 다른 도구가 필요한가?

`step 4` **템플릿 제작**

- 템플릿 영역을 정하고, 템플릿 간 간격을 조정한다.

- 템플릿 내 활동을 위한 안내와 그라운드 룰을 정한다.

- 캔버스 크기와 색상을 결정한다.

- 참가자 활동은 번호·안내선·색상·링크로 안내한다.

- 1차 드래프트를 만들고 시뮬레이션을 통해 개선점을 찾아 보완한다.

`step 5` **템플릿 관리·Lock**

- 이 모든 사항을 고려했을 때 88% 이상 만족한다면 템플릿 구성 요소 모두를 잠근다.

- 이 최초 템플릿 제목을 정하고 오리지널 Original로 보관한다. 실제 쓸 템플릿은 복사본으로 쓴다.

② **사용 시기** 아이스 브레이킹에서부터 브레인스토밍·문제 해결·디자인 사고·애자일·비즈니스 전략 등 모든 협업을 온라인으로 해야 할 때

③ **주의사항** 내려받은 템플릿에 자기 콘텐츠를 맞춰 쓰는 일은 없어야 한다. 반드시 자기 콘텐츠에 알맞은 템플릿을 직접 제작하거나 수정·보완해 쓰는 것이 온라인 퍼실리테이션 가치를 높이는 일이다. 여기에는 영어 문장을 우리 말로 바꾸는 것을 포함한다.

④ **프로 팁** 사용 빈도수가 높은 템플릿은 즐겨찾기·Content Library 해 둔다.

⑤ **온라인 퍼실리테이션** 완성한 템플릿은 퍼실리테이터에게 지금까지 익혀온 포스트잇·아이디어 배열·투표·축하·AREA 기능 모든 것이 등장하는 퍼포먼스 공간이다. 이 공간은 대면 퍼실리테이션과는 차원이 다른 특별한 곳이다. 이 특별한 기회는 뮤랄에서만 누릴 수 있는 가치이다.

뮤랄 퍼실리테이션 기능 Summary

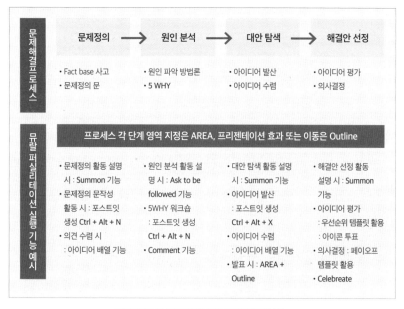

문제해결 워크숍에 적용한 뮤랄 퍼실리테이션 기능

템플릿을 활용한 퍼실리테이션

사례1 Fish Meeting

1:1 또는 1:2 등 소규모 인원이 참석하는 회의. 3개 질문으로 결론에 이르는 과정을 선으로 연결했을 때 반드시 물고기 모양이어야 한다는 조건으로 진행하는 회의 퍼실리테이션 기법.

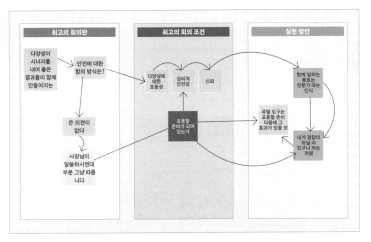

Fish Meeting 템플릿

사례2 Grid Meeting

표적 집단 심층 회의·Focus Group Interview를 위한 퍼실리테이션 템플릿이다. 15개 질문은 개요·Outline 기능을 적용했다. 퍼실리테이터는 질문을 하고 개요를 클릭하면 나타나는 영역·AREA에 참석자는 포스트잇에 의견을 적는 방식이다.

질문과 답변이 점차 쌓일수록 퍼실리테이터는 답변자 동의를 얻어 관련성이 높은 답변은 선으로 연결한다. 회의 결론은 연결한 선 중심으로 다시 의견을 받아 보완한다. 연결선으로 네트워크 된 내용을 토대로 회의 결론을 낸다. 이 회의 퍼실리테이션 기법을 그리드 미팅이라고 부르는 까닭은 캔버스 위에 설정한 AREA 형태가 격자무늬·Grid를 띠기 때문이다.

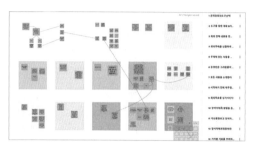

Grid Meeting템플릿

사례 3 KCY Feeling Image Communication

소통과 공감 유경철 대표 콘텐츠를 토대로 온라인 퍼실테이션 용도로 설계한 템플릿이다.

참석자 간 공감대 형성이 필요한 퍼실리테이션을 해야 할 때 또는 조하리 창·Johari's Window 워크숍과 결합해 쓰면 효과적이다.

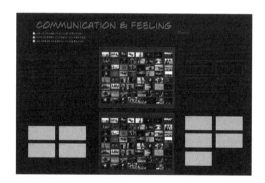

소통과 공감 Image Communication 템플릿

122

온라인 회의 미로

미로·MIRO는 스페인 초현실주의 화가 '호안 미로'(Joan Miro ·1893~1983) 작품에서 영감을 받아 브랜드로 삼았다고 한다. 미로 지원 센터·Miro Support & Help Center 블라다 Vlada 가 내게 보낸 메일 내용을 요약하면 아래와 같다.

호안 미로 작품은 현상 유지와 기존 신념과 규범에 도전하는 정신이 깃들어 있다. 우리는 이러한 이상에서 영감을 받았다. 작가의 초현실주의 작품은 아이디어를 매우 의미 있는 방식으로 표현하고자 하는 우리 생각과 일치했다. 늘 새로운 표현 수단에 대한 열망을 우리는 호안 미로 작품에서 보았다.

우리는 또한 호안 미로 작품에서 새 세상과 손잡고 일하는 방식·협업 방식 심지어는 주변 세계와 상호 작용하는 방식을 습득하는 데 있어 우리 잠재력을 끌어올리는 방법도 알았다. 우리는 전통적인 방식으로 생산성을 높이는 것은 한계에 다다랐다고 본다.

미로는 이 한계를 한 번도 경험하지 못한 방식으로 마치 호안 미로 작품을 감상하면 드는 공통적인 생각 '열린 캔버스에 뛰어드는 기쁨'을 미로·MIRO 보드에서도 고스란히 체험할 수 있기를 바란다.

블라다는 미로가 여는 새 세상에 대한 확신이 가득했다. 미로 보드를 단순한 도구로만 여기지 않는 계기가 되었다.

커뮤니케이션 기능과 단축키 ↖

미로 보드 크기는 정확하게 알 수 없다. 마치 우주에서 지구를 내려다보는 느낌이 들다 가도 화면 비율 1% 일 때는 더 움직이지 않는다 정도이다. 특이한 점은 미로 보드 초기값은 격자무늬를 지정하고 있고, 이는 선택 해제할 수 있다. 또한, 미로 보드 가장 두드러진 특징은 '선·Line'을 마음껏 자유자재로 쓸 수 있다는 점이다.

또한, 직관적인 단축키 기능이 내세울 만한 차별점이다. 미로를 온라인 회의에 특화해 쓸 수 있다고 생각한 것은 바로 이 점 때문이다.

'선·Line' 의미는 통상 '인과관계' 또는 '상관관계'를 뜻한다. 이는 회의 주제와 관련해 참석자 개개인 의견이 주제와 어떤 관계인지를

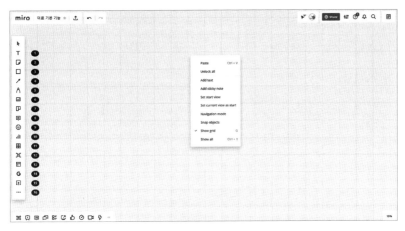

격자 무늬 미로 보드

한눈에 파악할 수 있다. 또한, 선을 따라가다 보면 회의 목적을 비껴 가지 않을 뿐만 아니라 결론을 내는 데도 합리적인 근거로 쓸 수 있 다. 해서 결론 없는 회의는 적어도 미로에서는 없다고 본다. 미로를 활용한 온라인 회의 기술이 대면 회의 악몽을 말끔히 씻어 내고 혁 신적인 회의 문화를 일굴 수 있을 것이라는 내 견해는 바로 이 지점 에서 시작한다.

미로 보드 좌측 사이드 메뉴 바 기능 설명과 단축키

① 글 상자·text 단축키 ⏹T. 더블 클릭하면 나타나는 기본 기능이 다. 뮤랄 더블클릭은 포스트잇이다.

② 스티커 노트·sticky note 단축키 ⏹N. 포스트잇이 나타난다.

③ 도형·shape 단축키 ⏹S. 사각형·모서리 둥근 사각형·원·삼각

125

형·말풍선·별 등 마치 파워포인트 도형 모음과 유사하다.

④ 선·connection line 단축키 L. 포스트잇과 도형 등 상호 관계를 나타내는 기능이다.

⑤ 펜·pen 단축키 P. 드로잉 또는 손글씨를 쓸 수 있는 기능이다. 찌그러진 도형을 말끔한 도형으로 수정하는 스마트 드로잉 기능이 있다.

⑥ 카드·card 단축키 D. 칸반 보드 형식을 낱개로 쓸 수 있는 기능이다. 칸반 보드에 삽입도 가능하다.

⑦ 칸반 보드·kanban 단축키 없음. 할 일은 칸반으로 표현하고, 프로세스는 컬럼으로 구성한 대표적인 시각 작업 도구이다.

⑧ 코멘트·comment 단축키 C. 특정한 의견에 대한 질문과 피드백 용도로 쓰는 기능이다.

⑨ 이모지·emoji 단축키 없음. 감정 표현을 할 때 쓰는 이모티콘이다.

⑩ 차트·tables and charts 단축키 없음. 그래프를 표현하는 기능이다.

⑪ 그리드·Grid 단축키 없음. 표를 만들 때 쓰는 기능이다.

⑫ 마인드 맵·mind map 단축키 없음. 아이디어를 핵심어와 이미지 중심으로 펼칠 때 쓰는 기능이다.

⑬ 템플릿·templates 단축키 없음. 다양한 주제 템플릿을 미로 플랫폼에서 내려받을 수 있다.

⑭ **구글 이미지 검색·google images serch** 단축키 없음. 회의·협업에 필요한 이미지를 구글에서 검색해서 쓸 수 있는 기능이다.

⑮ **파일 불러오기·upload** 단축키 없음. 회의·협업에 필요한 자료를 미로 보드로 불러와 쓸 수 있는 기능이다. 구글 드라이브·원드라이브·드롭박스 등을 선택해 쓸 수 있다.

⑯ **점 세 개·more** 단축키 없음. 이 메뉴를 클릭하면 회의·협업 성격에 필요한 애플리케이션을 찾을 수 있다. 일종의 스마트폰 애플리케이션을 연상하면 이해하기 쉽다.

미로 단축키는 Ctrl 또는 Alt 키를 쓰지 않는다. 기능 이름 첫 글자를 단축키로 쓴다. 가장 자주 쓰는 단축키 3개는 포스트잇·단축키 N, 도형·단축키 S, 프레임·단축키 F는 외워 두는 것이 좋다. 한편 일부 기능 메뉴는 다운 받아 쓸 경우가 있다. 이는 사정에 따라 과금을 해야 하는 점을 주의해야 한다.

참석자 커뮤니케이션 기능

미로 보드를 움직이는 기능 영역은 모두 다섯 곳이다. 이 영역을 '참석자'와 '진행자'로 구분하면 아래 그림과 같다.

로그인한 진행자 미로 보드 화면

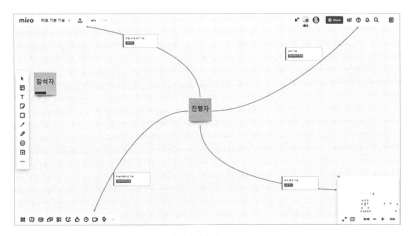

로그인한 진행자 미로 보드 화면

참석자 커뮤니케이션 기능이라고 이름 붙인 메뉴는 미로 보드 좌측 사이드바 메뉴를 말한다. 사이드바 메뉴 특징은 필요에 따라 메뉴 개수를 조절할 수 있다는 점이다. 이런 준비는 참석자로 하여금 자신의 행동을 예측하게끔 함으로써 주제에 대한 이해도를 높일 수 있다고 본다.

예를 들어 신제품 아이디어 회의를 주관하는 진행자는 참석자에게 포스트잇·단축키 N 과 구글 이미지 검색, 이모지 세 개 기능만

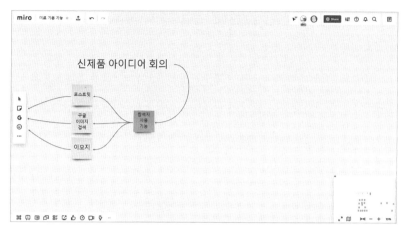

미로 보드 참석자 메뉴 세팅

필요한 회의이니 위 그림과 같이 메뉴 세팅을 요구할 수 있다.

이 요구를 받은 참석자는 '도형 · 단축키 $\boxed{S}$', '선 · 단축키 $\boxed{L}$', '글상자 · 단축키 $\boxed{T}$', '카드 · 단축키 $\boxed{D}$', '펜 · 단축키 $\boxed{P}$', '코멘트 · 단축키 $\boxed{C}$' 등 기능을 이른바 '점 세 개 메뉴'를 클릭한 후 나타나는 애플리케이션 박스로 옮겨 진행자와 동일한 모습이 되도록 한다. 이는 간혹 회의와 관련 없는 기능을 호기심으로 작동하는 불필요한 행동

미로 커뮤니케이션 기능은 조합이 자유롭다. 해서 회의 진행자와 참석자 간 메뉴 바 세팅을 똑같이 해야 한다. 이렇게 메뉴 세팅을 하는 까닭은 불필요한 기능으로 인해 발생하는 회의 지연을 막기 위해서다. 특히 프레임 메뉴는 참석자가 쓸 일이 없기 때문에 반드시 사이드바에 둬야 한다.

이 사라지고 그 결과 회의 시간이 지연되거나 하는 일을 사전에 방지할 수 있다.

이런 유연함이 미로 강점이다. 여기서 끝이 아니다. 회의 혹은 협업에 필요한 기능은 언제든지 추가할 수 있다. 주의할 점은 마냥 무료가 아니라는 점이다. 유료 애플리케이션이 다수이다.

여기서 잠깐 앞서 소개한 블라다·Vlada와 여러 차례 이메일을 주고받으면서 깨달은 것이 하나 있다. 블라다는 매우 친절하고 상냥한 말씨로 내 불만 사항을 처리했다. 그 점은 굉장히 고마웠다. 한데 이런 말을 내게 남겼다. '우린 친구다. 하지만 과금은 해야 한다.' 난 이 말을 여러 차례 인용하면서 주변 지인에게 소개했다. 마치 새로운 시대에 걸맞은 행동 양식을 찾은 것처럼 말이다.

회의 진행자 기능 ➤

회의·협업 진행자로 또는 아이디어 워크숍 퍼실리테이터로서 미로 보드를 운영할 때 좌측 하단 퍼실리테이션 메뉴 기능을 속속들이 알고 있어야 한다.

① 프레임·frames 이 기능은 뮤랄 AREA와 같은 개념이고, 파워포인트 슬라이드라고 보면 된다. 파워포인트와 다른 점은 크기 조정이 가능하고 이동을 할 수 있다는 점이다.

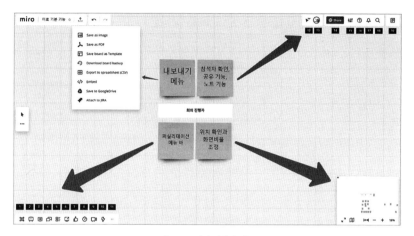

미로 보드 회의 진행자 기능

② 프레젠테이션·presentation mode 이 기능은 파워포인트 슬라이드 쇼 효과이다. 뮤랄 프레젠테이션은 포인터를 인식하지 못한다. 한데 미로는 포인터와 협업이 가능하다. 이런 차별점은 온라인과 오프라인을 넘나드는 하이브리드 워크숍을 가능하게 한다.

③ 코멘트·comments 특정 주제 또는 아이디어에 대한 질문·피드백을 할 수 있는 커뮤니케이션 기능이다.

④ 채팅·chat 회의·협업 참석자와 폭넓은 대화를 할 수 있는 기능이다.

⑤ 카드·card 칸반 보드를 포함한 다양한 공동 작업을 할 때 쓰는 기능이다.

⑥ 화면 공유·screen sharing PC 또는 노트북에서 지원하는 마이크와 카메라 시스템을 선택할 수 있는 기능이다.

⑦ **투표·voting** 미로 보드 내 아이디어를 기록한 모든 구성 요소 예를 들어, 포스트잇·도형·카드·칸반 보드·이미지 등에 투표를 할 수 있고, 진행자가 투표 요소를 선택할 수 있다. 뮤랄은 포스트잇에만 투표가 가능하다.

⑧ **타이머·timer** 투표 기능과 협업 외에도 진행자 계획에 따라 다양한 용도로 쓸 수 있다. 알람을 포함하고, 회의 시간 등을 설정할 수 있다.

⑨ **영상 통화·video chat** 줌 Zoom 없이 음성과 영상으로 회의·협업을 할 수 있다. 뮤랄은 콘퍼런스 콜만 지원한다. 참고로 줌과 협업할 때는 이 기능을 켜 두면 소음·howling이 발생한다. 마이크와 영상 모두를 끄는 것을 반드시 확인한 후 회의를 시작해야 한다.

⑩ **활동 기록·activity** 미로 보드에서 발생한 모든 활동 기록을 확인할 수 있는 기능이다.

⑪ 《 기호를 클릭하면 바로 위 10개 메뉴를 숨길 수 있다. 메뉴를 숨겼을 때 》 기호를 클릭하면 다시 펼쳐진다.

✉ ---

미로 커뮤니케이션 기능은 조합이 자유롭다. 해서 회의 진행자와 참석자 간 메뉴 바 세팅을 똑같이 해야 한다. 이렇게 메뉴 세팅을 하는 까닭은 불필요한 기능으로 인해 발생하는 회의 지연을 막기 위해서다. 특히 프레임 메뉴는 참석자가 쓸 일이 없기 때문에 반드시 사이드바에 둬야 한다.

위치 확인과 화면 비율 조정

▢ full screen 브라우저 창을 숨기고 온전히 미로 보드 화면으로 쓸 수 있다. 인터넷 접속이 아닌 미로 애플리케이션을 다운로드해 쓰면 기본값이 전체 화면·full screen이다.

▢ unpin map 이 기능을 실행하면 이 위치 확인 창을 미로 보드에 고정할 수 있다. 이 기능은 엄한 곳에서 헤매는 참석자를 모니터링하는 기능으로도 쓸 수 있다.

▢ fit to screen 화면을 고정할 수 있다.

▢ Zoom in · out 화면 크기를 조정할 수 있다.

15% Zoom to 100% 화면 크기를 100%로 맞춘다. 최대 400%까지 쓸 수 있다.

미로 보드 적정한 화면 비율은 35% ~ 45% 내외로 두면 포스트잇을 만들어 쓸 때 알맞다.

참석자 확인·공유 기능·노트 기능

⑫ 마우스 커서 숨기기·show&hide collaborator's cursor's 마우스 커서를 내보이거나 숨길 수 있다.

⑬ 미로 참석자·Board owner 회의 진행자 혹은 퍼실리테이터와 미로 보드에 참석한 참석자 수를 확인할 수 있는 기능이다.

⑭ 미로 보드로 초대·Share 회의 참석 대상을 미로 보드로 초대하는

기능이다. 세부 기능은 팀원과 방문자로 구분한다. 하지만 공유 내용은 동일하다. 미로 보드 내용만 볼 수 있는 Can view · 코멘트만 남길 수 있는 Can comment · 공동작업을 할 수 있는 Can edit · 미로 보드 접속을 막는 No access 등이 있다.

⑮ **환경 설정·setting** 주요 기능은 미로 보드 내 모든 덧글이 계정 등록한 내 이메일로 받을 수 있는 Follow all threads · 단축키 안내 Shortcuts · 요소 간 줄 맞춤 안내선을 보여주는 Snap objects · 미로 보드 첫 화면을 설정하는 Set start View · 줌 Zoom과 같은 애플리케이션과 연동 여부를 결정하는 Apps & Integration · 팀원을 등록하는 account settings 등이 있다.

⑯ **미로 보드 사용 안내·guide** 미로 주요 기능 설명과 업데이트 소식을 정기적으로 제공한다.

⑰ **알림·feed** 코멘트가 발생한 사실을 알려준다.

⑱ **검색·search** 미로 보드 내 주요 내용을 검색할 수 있다.

⑲ **노트·Note** 회의 · 협업 내용을 기록할 수 있다. 또는 주요 내용을 요점 정리하는 용도로도 쓸 수 있다. 프레임 · frame이 파워포인

미로 보드 특별한 기능은 바로 노트·Note이다. 노트 쓰임은 회의 내용 기록용으로, 워크숍을 할 경우에는 참석자 안내 기능으로 설계해 쓸 수 있다. 요컨대 뮤랄 Outline 기능으로 여기면 이해하기 쉽다.

트 슬라이드라고 하면 이 노트는 슬라이드 노트쯤으로 여기면 쉽게 이해할 수 있다.

내보내기 메뉴

미로 보드에서 기록한 모든 내용을 이미지·image 또는 PDF·템플릿으로 보관·백업·구글 드라이브로 보내기 기능이다. 이미지 기능을 클릭하면 필요한 부분을 캡처·Capture 할 수 있다. 이 기능은 로그인해야 쓸 수 있다.

회의 프레임 설정 ⬉

미로·MIRO 프로그램을 쓰면서 온통 머릿속은 '온라인 회의'라는 낱말뿐이었다. 뮤랄과 차별점을 뭐로 할까 골똘히 생각한 결과인 점도 있다. 의도를 갖고 반복해 썼다. 그 결과 미로는 쓰면 쓸수록 회의·협업이 맞다. 적합하고 타당하다.

미로는 '언제 어디서나 팀을 하나로 모을 수 있다·The online collaborative whiteboard platform to bring teams together, anytime, anywhere'라고 밤낮으로 얘기한다. 반면에 뮤랄은 '중요한 문제를 해결한다·Solve Important Problem'가 콘셉트다. 똑같은 온라인 화이트보드 프로그램일 텐데 콘셉트가 뭣이 대수인 거라고 핀잔 놓을 수 있다. 하지만 미묘한 차이점 있다.

135

뮤랄은 온라인에서 우리 팀이 모여 해야 할 목표에 방점을 찍었고, 미로는 온라인 환경에서 성과를 내는 방법에 집중했다. 즉, 뮤랄은 일 중심, 미로는 관계 중심 일 처리 방식을 취한 것처럼 보였다. 이런 해석이 너무 멀리 간 것 아니냐고 타박할는지 모르겠다.

하지만 한 발 더 나아가면 미로와 뮤랄을 능숙하게 다루는 조직이 많아질수록 이런 점도 한번 눈여겨볼 만하다. 이를테면 오하이오 주립대 리더십 모델(일 중심과 관계 중심을 서로 독립적인 요인으로 보고 4가지 리더십 행동을 모델로 제시한 연구)을 여기에 적용하면 온라인 시대 알맞은 리더십 행동 연구 출발점으로도 삼을 수 있을 것 같아 하는 말이다.

비주얼리제이션

뮤랄과 미로 두 디지털 도구가 공통적으로 쓰는 낱말이 있다. '비주얼·Visual'이라는 단어다. 처음 이 말을 눈여겨보지 않았다. 포스트잇 색상이 다채롭고 이채로워서 그런가보다 싶었고, 이 칼라 감이 구조화한 템플릿·Template과 어울려 단번에 주목도를 높여서 그런가 싶었다. 처음 미로와 뮤랄 사용을 시작했을 때만 해도 내 생각은 여기에 머물러 있었다.

하지만 '눈으로 보는'이라는 뜻을 가진 비주얼 의미는 단순히 색깔에 머문 것이 아니었다. 뮤랄이 '중요한 문제를 풀 수 있다'라고 호언장담하고, 미로가 '팀 응집력을 높이는 데 탁월하다'라고 강조한 것은 '비주얼리제이션·Visualization' 즉, '시각화'가 온라인 회의 핵심어이기 때문이다.

두 도구 모두 시각화를 가능하게 하는 핵심 기능을 꼽으라면 뮤 랄은 영역·AREA, 미로는 틀·Frame 이다. 두 기능 쓰임을 한 마 디로 함축하면 '지루한 PPT는 이제 안녕!'쯤. 고정되어 있는 PPT 슬 라이드 형식이 아니라는 말이다. 원하는 곳 어디든 영역을 설정하고 틀을 짤 수 있다. 이 말은 곧 온라인은 '일하는 방식'이 대면 방식과 달라도 크게 다르다는 것을 말한다. 두 도구 AREA·Frame은 마치 자유 좌석제와 같다.

이 뉘앙스가 가장 크게 두드러지는 부분이 '온라인 회의'이고 '퍼 실리테이션'이다. 요컨대 대면 회의는 말로 시작하고 말로 끝을 맺 었다면 온라인 회의는 손이 차지하는 비중이 80%이다. 마우스를 쥐 고 있는 자가 온라인 회의를 주도하고 원격 회의 리더이고, 리모트 리더십을 발휘한다.

미로를 쓰는 일이 단순히 기능을 숙련하는 일이 아닌 까닭이 여 기에 있다. 리더는 마우스에서 손을 떼면 안 된다. 마우스를 꽉 쥐고 온라인 회의를 이끌어야 한다. 마우스를 클릭하는 것은 곧 리더십을 발휘하는 것이다. 그 첫 번째 클릭이 바로 온라인 회의 틀·Frame 을 만들어 흩어져 있는 팀원을 이곳에 오도록 하는 일이다.

미로 보드에서 프레임을 만드는 방법은 세 가지다.

① **단축키 F** 빈 프레임을 만든다.

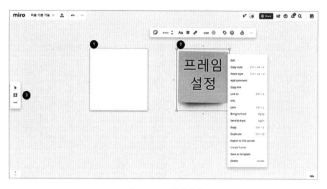

미로 보드 프레임 설정

② 프레임 만들기·Create frame 마우스 오른쪽 버튼을 클릭하면 나타나는 메뉴 리스트에서 선택한다. 이 기능은 특정 아이디어에 주목할 필요가 있을 때 또는 발표자를 선정할 때도 쓸 수 있다.

③ 좌측 사이드 메뉴 바에서 프레임 선택 기본 메뉴로 설정되어 있고, 회의 참석자도 프레임을 만들 수 있다. 한데 이 기능은 온라인 회의 참석자 모두가 미로 프로그램에 익숙한 후 쓰기를 권한다.

그 까닭은 프레임 설정은 특정 주제가 있다는 것을 뜻하기 때문이다. 이 주제를 제시하는 사람이 온라인 회의를 이끄는 사람이고, 회

미로 프레임·Frame은 뮤랄 AREA와 역할과 기능이 동일하다. 다만 다른 점이 있다면 프레젠테이션 시 미로는 포인터와 협업 한다는 점이다. 이 점 때문에 미로를 실습 전지 대신 쓸 수 있고, 나아가서 하이브리드 즉, 온라인과 오프라인 회의와 워크숍 모두 가능하다.

의 책임자이자 프로젝트 책임자이다. 해서 프레임을 설정하는 일은 회의 목적을 달성하기 위해 참석자에게 특정 행동을 요청하고 그에 걸맞은 사고 방식을 가져 줄 것을 믿는 회의 리더십을 발휘하는 일이다.

회의 템플릿 설계 ↖

온라인 회의에는 지루한 PPT는 없다. 미로 프레임은 지루함을 단숨에 호기심과 흥미로움으로 바꾼다. 이 세계는 분명 새롭다. 이 새로운 에너지를 써야 할 곳이 있다. '3無 회의' 즉, '논의 없고·결론 없고·책임지는 사람 없는' 가짜 회의를 진짜 회의로 만드는 데 쓰는 일이다. 나는 종종 이렇게 말하곤 한다. 온라인 회의는 회의 두통을 잠재우는 타이레놀과 같다고 말이다. 진짜 회의를 자리매김하는 데 효과가 빠르다는 얘기다.

식음료 부문 글로벌 H사에서 조직문화 담당을 맡고 있는 P 매니저와 온라인 회의를 주제로 인터뷰했다. P 매니저는 회의를 통상 네 가지로 분류했다.

① 정보 전달·공유가 목적인 회의

② 정답이 없다는 조건으로 시작하는 아이디어 회의

③ 여러 부서 관점을 확인하고 회의 주제에 합의를 목적으로 하는 회의

④ 각 부서 이해관계를 조율·중재하는 문제 해결 회의

이 네 종류 회의는 비대면 상황일지라도 계속해야 하는 일이다. 해서 팀즈·Teams, 줌·Zoom, 웹엑스·Webex 등 영상 시스템이 회의실을 대신한다. 자연스럽게 회의 준비 과정이 달라질 수밖에 없다. 여기서 한 가지 짚을 점이 있다.

아마존·구글·애플·MS 등 이른바 좋은 회의 문화를 가지고 있다는 기업이 회의 기획과 실행은 우리와는 다르다는 점이다. 손에 꼽을 가장 큰 차이는 회의 기획자와 책임자가 서로 다른 우리 회의 방식과는 다르게 앞선 회사들은 회의 기획자가 곧 책임자라는 사실이다.

요컨대 자신이 맡은 업무 성과를 위해서 동료 도움이 필요할 때 회의를 기획한다는 말이다. 반면에 우리가 익히 경험한 회의는 회의 기획자와 책임자가 대부분 구분되어 있다. 해서 숱하게 회의 개선 사례를 토대로 회의 문화를 혁신했지만 늘 제자리걸음이었던 것은 바로 회의 기획자와 책임자가 분리된 이 점을 못 본 척 지나쳤기 때문이다.

온라인 회의를 준비하는 과정은 회의 기획자와 책임자는 동일 인물 여야 논의하고 결론 있고, 책임자가 명확한 진짜 회의를 만들 수 있다. 미로 프레임을 다룬다는 것은 진짜 회의를 시작하는 첫걸음이다. 또한, 프레임은 참석자가 회의 가치와 의미를 한눈에 파악할 수 있도록 돕는다. 이것이 온라인 회의 특징인 비주얼리제이션 즉, 시각 효과이다.

온라인 회의 진행 순서와 기본 템플릿

앞서 소개한 네 종류 회의는 그 성격이 모두 다르다. 해서 회의 기획과 실행 수준 역시 다를 수밖에 없다. 하지만 회의 구성 요소만큼은 아래 소개하는 회의 기본 템플릿을 토대로 변주가 가능하다. 특히 '토론과 동의' 부분 세분화 정도가 결론 수준을 결정짓는다고 할 수 있다.

온라인 회의 구성 5요소

회의 개요 ▶ 회의안건 ▶ 토론과 동의 ▶ 실행 ▶ 기타 안건

\# 기본 템플릿

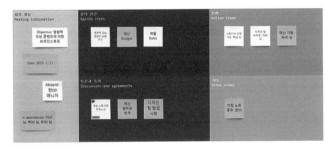

미로 보드 온라인 회의 기본 템플릿

온라인 회의 준비 항목에는 기본 회의 템플릿 외에도 회의 참석자가 미리 봐 둬야 할 자료를 링크로 제시하거나 태그·tag 해 둬야 한다. 또는 노트·Note를 활용해 자료를 PDF 파일로 내려받을 수 있도록 준비를 마친 후에 접속 링크를 보낸다.

이렇게 회의 준비를 마치고 참석자 모두가 회의에 참석하면 회의

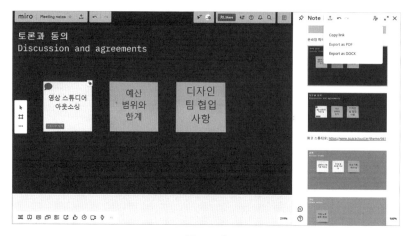

미로 노트 기능

기획자는 책임자가 되어 회의를 시작한다. 이때 중요한 사안이 하나 있다. 바로 팀 빌딩 활동이다. 이 활동은 반드시 할 것을 꼭 권하고 싶다. 이 팀 빌딩과 관련한 내용은 '회의 존재감' 장에서 다루고 여기서는 회의 프레젠테이션 기능을 소개하고자 한다.

프레젠테이션 효과를 낼 수 있는 기능이 미로에 총 세 종류가 있다.

첫째, 프레임 기능을 활용한다. 우측 하단 프레임 메뉴(빨간색 화살표)를 클릭하면 좌측면에 프레임 창이 나타난다(미로 프레젠테이션 기능 1 그림). 이 창은 회의 구성 요소에 적용한 프레임이 목록화 되어 있다. 요컨대 회의 진행 순서와 동일하게 프레임을 적용한 후 클릭하면 아래 그림과 같다.

둘째, 프레임을 클릭하면 나타나는 화면은 브라우저 창을 포함한 화면이다. 해서 전체 화면 보기 프레젠테이션 기능(오른쪽 그림 회색 화

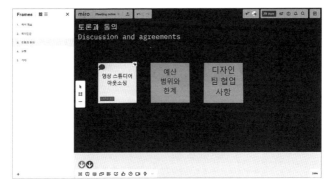

미로 프레젠테이션 기능 1

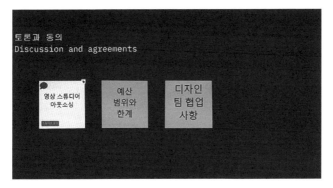

미로 프레젠테이션 기능 2

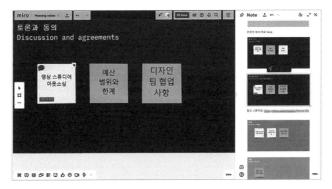

미로 프레젠테이션 기능 3

살표)을 클릭하면 아래 그림처럼 화면을 쓸 수 있다.

셋째, 미로 노트를 활용한다. 미로 노트 기능은 회의 자료를 내려받을 수 있는 것은 물론 회의 내용을 기록할 수도 있다. 또한, 위 그림 3 우측 창에 목록으로 정리되어 있는 '토론과 동의' 부분을 클릭하고 '비행기' 아이콘을 누르면 프레임 기능을 실행했을 때와 동일한 화면 효과를 나타낸다.

미로 프레젠테이션 기능은 여기서 끝이 아니다. 포인터와 협업이 되기 때문에 대면 회의·워크숍에서도 미로를 마음껏 쓸 수 있다. 실제 워크숍에 미로 보드를 쓰는 일이 대중화 한다면 이제 실습 전지는 더는 쓸 일이 없을 것이다. 반면에 뮤랄은 포인터와 협업을 지원하지 않는다. 이 점은 아쉬운 점이다.

국내 D 그룹 데이터 기반 기획력 하이브리드 워크숍

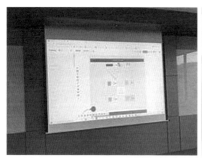

미로 보드를 하이브리드 형으로 쓰기 위해서는 템플릿 설계에 심혈을 기울여야 한다. 템플릿 장점은 한번 만든 후에는 회의 또는 워크숍 성격에 맞춰 고쳐 쓸 수 있다는 점이다. 따라서 고된 일이라는 염려보다는 상상의 날개를 펼친다고 생각하면 즐겁다.

회의 존재감 ↖

회의를 기획하는 입장에서 가장 중요한 점은 무엇일까? 이 질문에 회의 기획자 생각을 읽을 수 있는 부분이 바로 '회의 개요'이다. 회의 개요 주요 내용은 일정과 주제이다. 이는 대면 회의와 다르지 않다. 일정은 참석자에게 중요한 동기 요소이고, 주제는 핵심 정보이다. 해서 이 두 사항을 회의 기획자는 심사숙고한다. 이보다 더 중요한 것이 있다. 바로 참석자이다. 참석자를 선정하는 일은 회의 수준을 결정하는 의사결정 영역이다.

앞서 소개한 P 매니저 사례를 들어보면 온라인 회의에서 참석자 선정이 얼마만큼 중요한지를 판단할 수 있다.

조직 개발과 관련한 정례 회의 중 매 안건 부정적인 의사 표현을 일삼는 이가 있었다고 한다. 마치 털어서 먼지 안 나오는 사람 어디 있더냐라는 투처럼 P 매니저는 느꼈다는 것이다. 그 참석자로 인해 P 매니저는 여러 차례 곤란을 겪었지만 나름 성과를 낸 측면이 있어 위안 삼았다고 했다. 해서 내가 물었다. 사전에 그런 사람을 거를 수 없느냐고 말이다.

P 매니저 답변은 회의 참석자 선정은 해당 부서장 권한인 탓에 자신이 부탁은 해도 꼭 집어 이러쿵저러쿵하는 말은 부서장이 월권행위로 볼 수 있다고 했다. 그 참석자가 무엇 때문에 회의 독점자 오른팔 같은 행위를 했는지 알 수 없다. P 매니저는 이 사건을 겪은 후에 자신이 주관하는 회의 참석자 기준을 정하는 데 꽤 많은 시간을 들인다고 했다. 이 말은 참석자에게 이 회의 가치를 어떻게 설명하고 납득시킬 것인지를 연구하는 시간을 말한다.

물론 이 사례는 대면 회의 상황이다. 하지만 온라인 회의 때도 이 일이 그대로 재현한다면 온라인 회의도 대면 회의와 별반 다르지 않네라고 여길 것이다. 행여 이런 인식이 빠르게 확산한다면 회의 문화는 여전히 도돌이표라고 본다.

미로 · MIRO 콘텐츠 마케팅 리더 크리스티나 스리 · Christina Sri 는 '목적 없는 회의와는 싸워야 한다'라고 주장한다. 크리스티나 주장에는 분명 P 매니저가 겪은 사례도 배경 중 하나일 것이다. 온라인 회의 기획을 할 때 꼭 지켜야 할 7가지 항목에 참석자에 대한 기준 제시가 중요하다고 소개한 것을 보면 더욱 그렇다.

1. 회의 안건은 최소 24시간 전에 회의 참석자에게 이메일로 보낸다.

2. 회의 주제와 목적과 목표는 분명하게 구분하여 작성한다.

3. 회의 주관(책임) 자와 주최(관리) 자는 누구인지 밝힌다.

4. 회의 안건과 관련 있는 자료와 링크를 미리 공유한다.

5. 회의 참석자와 참석하면 안 되는 대상을 구분하는 기준을 명시한다.

6. 회의 진행 시간을 분명하게 밝힌다.

7. 회의를 중요 일정으로 캘린더에 저장할 것을 부탁한다.

출처: miro.com/blog/remote-meeting-worst-practices/

크리스티나 주장은 여기서 그치지 않았다. 참석자 기준에 따라 회의에 참석한 동료에게는 존재감이라는 선물을 안겨야 한다고 강조했다. 이 부분은 굉장히 신선했다. 회의 기획자는 참석자 존재감을 서로 인식하는 프로그램을 반드시 준비해야 한다고 말한다. 아이스 브레이킹이라고 여기면 쉽게 이해할 수 있다. 회의 시작 전에 아이스 브레이킹 중요성을 우리도 오래전부터 얘기했다. 한데 실제 회의에서는 이 프로그램이 정착하지 못하는 이유가 많았다. '윗 사람이 좋아하지 않는다'라는 입장이 가장 크다.

한데 온라인 회의는 이 존재감이라는 말이 주는 무게감 때문이라도 아이스 브레이킹은 꼭 필요하다. 이것이 팀 빌딩 시작이라는 것이 미로 입장이다. 단순하게 주위를 환기시켜 주는 역할을 넘어 비대면 상황이 지속하면서 나타나는 고립감을 해소할 수 있는 방안이 온라인 회의라고 한다면 이는 업무 성과와도 밀접한 관련이 있을 것이다. 미로가 유난히 '언제 어디서나 팀을 하나로 모을 수 있다'라는 점을 신념으로 삼은 점은 바로 이 맥락이다. 미로 블로그에 공지된

인상적인 팀 빌딩 프로그램 2개를 소개하면 아래와 같다.

몬스터 만들기

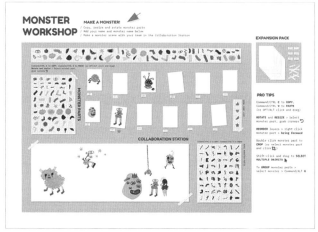

미로 몬스터 워크숍 템플릿

협업 콜라주

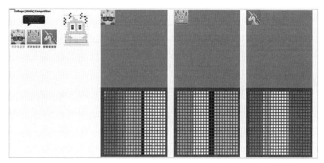

미로 협업 워크숍 콜라주 템플릿

이외에도 애자일 게임 또는 쇄빙선이라는 제목으로 업데이트된 프로그램을 주의 깊게 살펴보면 묘한 공통점이 있다. 그것은 '문화'를 주제로 다루고 있다는 점이다. 이 점은 미국이라는 국가 특성을 고려한 접근이라는 보인다. 특히 다문화에 대한 이해와 리더십이 절대적으로 필요한 점을 반영한 프로그램 같았다.

이런 시사점을 우리에게 접목하면 '문화'를 '소통'으로 바꾸면 아주 훌륭한 팀 빌딩 프로그램으로 쓸 수 있다. 이런 면에서 몬스터 만들기는 서로 다른 개성으로 인해 발생하는 동료 상호 간 이해 수준을 높이는 데 쓸 수 있을 것 같다. 앞서 P 매니저가 참석자에게 이 회의 가치를 어떻게 납득시킬 것인가를 연구하는 시간을 더 많이 갖는 계기로 삼았다고 말한 점에는 이와 같은 팀 빌딩 프로그램이 포함되어 있다.

하지만 보기에 따라서 '일정', '주제', '참석자'에 대한 이슈보다 더 중요한 점이 있을 수 있다. 온라인 회의 전 부분에 걸쳐 가장 핵심 사항일 수도 있다. 그것은 바로 참석자 모두는 회의 기획자가 요구하는 수준에 적합한 기능을 익히고 있어야 한다는 점이다. 이런 고민을 하고 있다면 이 역시 팀 빌딩 프로그램으로 해소할 수 있다.

참석자 커뮤니케이션 기능으로 분류한 '포스트잇 · 단축키 $\boxed{\text{N}}$', '도형 · 단축키 $\boxed{\text{S}}$', '선 · 단축키 $\boxed{\text{L}}$', '드로잉 펜 · 단축키 $\boxed{\text{P}}$', '카드 · 단축키 $\boxed{\text{D}}$', '코멘트 · 단축키 $\boxed{\text{C}}$' 등을 아래 그림과 같이 문제 해결 형식 팀 빌딩 프로그램을 만들어 쓰면 자연스럽게 기능을 익힐 뿐만 아니라 무엇보다도 자신이 참석한 회의 활동을 스스로 예측하는 재미도 누릴 수 있다. 이 프로그램 이름은 미로 레이싱이고, 미로를 처음 접하는 사용자에게 제공하는 공개강좌 프로그램이다.

미로 레이싱

미로 레이싱 템플릿

MOUSE PARKING

① 녹색 포스트잇을 만들어 이름을 쓰십시오.

② 자신이 태어난 곳을 핀으로 고정하십시오.

③ 자신을 상징하는 이미지를 찾아 이곳에 두십시오.

④ 이 포스트잇을 원으로 변경하고 노랑으로 색깔을 바꾸십시오.

⑤ 단축키 P 를 써서 별을 직접 그리십시오.

미로 보드로 온라인 회의 또는 워크숍을 할 경우 참석자 존재감을 드러내는 프로그램 즉, 팀 빌딩·Team Building은 반드시 해야 한다. 온라인은 존재감이 사라지면 활력을 잃는다. 미로 보드는 '존재감'이 드러났을 때 비로소 성공했다고 말하고 싶다.

⑥ 이 화살표 방향을 반대로 바꾸십시오.

⑦ 단축키 N과 S·F를 순서대로 써서 아래 그림과 같은 모양을 완성하십시오.

⑧ 마인드맵 템플릿을 이곳으로 옮기십시오.

⑨ 음소거 후 피니시를 외치십시오.

회의 레이아웃 ➘

대면 회의 성공 사례는 꽤 많이 찾을 수 있다. 반면에 귀감이 될 만한 온라인 회의 사례는 손에 꼽을 정도다. 숱한 디지털 도구가 생산성을 높였다고는 하지만 실상 그 내막을 세세하게 알 수도 없다. 일부 외신 보도 또는 전문 블로거 글을 통해 찔끔찔끔 아는 형편이다. 이것이 온라인 회의 현재 모습이다.

그렇다고 여기서 멈출 수는 없다. 느릿느릿하겠지만 온라인 회의 발전은 막을 수도 멈출 수도 없다. 어디선가 계속 진화하고 알맞게 정착할 것이다. 해서 온라인 화이트보드 프로그램을 다루는 일은 상상력을 펼치는 일인 것이다. 여기에 의미를 붙인다면 대면 회의에서 고치지 못한 회의 악몽을 제대로 뜯어고쳐 쓸 수 있다는 점이다.

웬디 마스 시스코 유럽·중동·아프리카·러시아 대표는 "직원들이 COVID-19 사태 이전에는 쉽게 만날 수 없었던 고위 임원진을 화상을 통해 만나 애로사항, 문제점, 궁금한 내용 등을 직접 토로하거나 물어볼 수 있고, 경우에 따라서는 임원진이 그 자리에서 문제를 바로 해결해 준 덕분"이라는 말로 온라인 회의를 긍정적으로 평가했다.

여기서 한 발 더 나아가면 온라인 회의는 발언을 독점하는 '회의 독점자'를 방지할 수 있다고 한다. 김경일 아주대 심리학과 교수는 '대면 회의'는 이른바 '상석'이 존재한다. 상석은 환경적으로 모두가 주목할 수밖에 없다. 또한, 상석에 앉은 이는 참석자에 대한 심리적 권위를 자연스럽게 갖는다. 이것이 발언권을 독점하는 회의 독점자가 되는 구조라는 것이다.

온라인 회의는 '상석'이 존재하지 않는다. 회의 독점자가 되는 물리적 환경을 제공하지 않는다. 이는 발언권을 독점하는 심리적 권위를 행사할 수 없다는 점을 시사한다. 또한, 회의 주제를 독점할 수 없다는 점도 포함한다. 이를 뒷받침하는 것 중 하나가 온라인 회의는 말이 아닌 쓰기이고, 업무 채팅 수준을 넘어선 구조와 시스템으로 쓰는 프로세스 라이팅·Process Writing이기 때문이다. 이를 통해 결론 없는 회의 악몽을 말끔히 씻을 수 있다.

프로세스 라이팅 구조화는 레이아웃·Layout으로 알 수 있고, 시스템은 미로 회의 진행자 기능을 말함이다. 레이아웃은 상상력 산물이다. 정형화되어 있지 않다. 트위터에 올라온 미로 보드 대부분은 자유 형식이다. 이 자유 형식은 미로 보드를 적응하고 흥미를 느끼는 데 있어 제격이다. 적극적으로 추천한다.

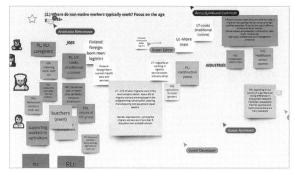

미로 레이아웃1

출처: 트위터

Sara Lindström 트위터. 55세 이상 발트해 지역 이민 노동자들의 생산성에 관한

회의·워크숍

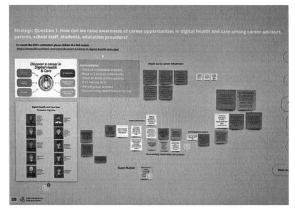

미로 레이아웃2

출처: Digital Health & Care Innovation Centre 트위터.
경력에 대한 인식 및 기술 향상 회의·워크숍

자유 형식 사례로 소개한 두 미로 보드 공통점은 참석자 자기 존재감을 드러내는 아바타를 설정한 점이다. 다시 강조하는 바이지만 온라인 회의는 참석자 상호 간 존재감을 인식하고 교류하는 프로그램을 반드시 설계해야 한다.

프로세스 라이팅을 위한 선형 레이아웃.

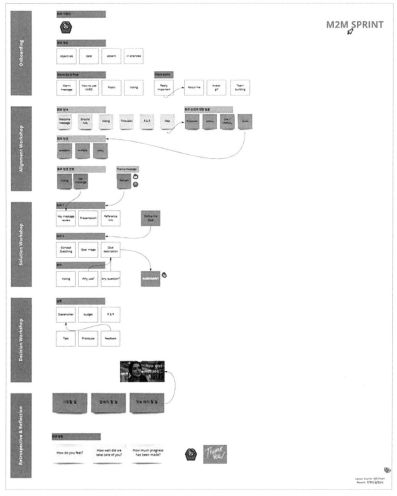

미로 M2M SPRINT 워크숍 레이아웃

① **작동원리** 글을 읽는 가장 보편적인 시선인 좌에서 우로 전개하는 방식이 특징이다.

② **사용 시기** 이 레이아웃은 프로세스를 중시하는 문제 해결 회의·협업에 적합하다. 실제로 이 템플릿은 디자인 싱킹을 구조화한 것이다.

③ **주의사항** 각 프레임 간 이동은 인과 관계를 중시하는 논리적 사고를 요구한다.

④ **프로 팁** 꽤 긴 시간 온라인으로 회의·협업을 위한 참가자 존재감을 드러내는 프로그램에 대한 설명·훈련·휴식 시간은 참석 동기를 유지하는 데 필수이다. 전체 시간 중 25~30% 계획하는 것을 추천한다.

또한, 영상을 끈 채로 1~2시간 회의하는 방안도 고려 대상이다. 이 방법을 실제로 썼을 때 참석자 대부분은 묘한 해방감을 맛봤다고 했다. 한 참가자는 대면 회의 때 몰래 딴청 부리는 듯한 희열감이 들었다고 했다.

⑤ **온라인 회의** 온라인 회의 구성 5요소를 토대로 협업 워크숍을 구성한 레이아웃이다. 구성 요소 이름을 워크숍 형식으로 바꿨다.

- 회의 개요 · Onboarding
- 회의 안건 · Alignment Workshop
- 토의 · Solution Workshop
- 실행 · Decision Workshop

• 회고 · Retrospective & Reflection, See you soon.

미포 플랫폼에 올라온 단순함을 강조한 특이한 레이아웃. Crema 제공

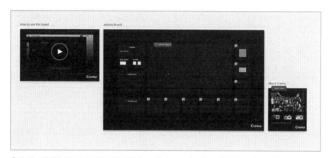

출처: 미로 플랫폼, 미로 보드에서 직접 보기: https://miro.com/app/board/o9J_kmFEbGU=/?fromEmbed=1

Crema 제공 레이아웃

① **작동원리** Place Setting이라고 제목을 단 이 보드를 보면 떠오
르는 장소가 있을 것 같다. 중앙 큰 프레임을 중심으로 참석자는 마
치 모닥불 주변에 둘러앉은 듯도 하다. 이 보드는 바로 그 상상력을
자극한다.

② **사용 시기** 이 레이아웃은 다방면으로 사용이 가능하다. 정보 전
달이 목적인 회의는 물론이거니와 아이디어 회의 부서별 여러 입장

미로 보드 레이아웃은 이를테면 동선이다. 회의 진행자 또는 퍼실리테이터가 참석자
와 함께 걸어가는 길이다. 해서 그 길은 우선 눈의 피로가 적어야 하고, 익숙한 듯 편안
하도록 설계해야 한다. Frame·Note·Link·Lock 이 네 기능으로 레이아웃을 설계한다.
뮤랄은 AREA·Outline·Lock 기능을 쓴다.

을 듣고 토론하는 회의에 적합하다.

③ **주의사항** 단순한 템플릿은 회의 진행 속도를 좀 **빠르게** 할 필요가 있다. 요컨대 온라인 회의 5요소 중 가장 핵심이 되는 한 부분에 집중하는 것이 효과적이다.

④ **프로 팁** 영상과 음악을 곁들인 회의 진행과 참가자 존재감을 드러내는 아바타를 gif 파일로 하면 흥이 절로 날 것이다.

⑤ **온라인 회의** 그렇다 해도 엄연히 온라인 회의라는 점을 잊지 말아야 한다. 포스트잇 활동과 회의 기록을 위한 노트·Note 활용 역시 **빼먹지** 말아야 한다.

회의 자료 ↖

: 차트와 표 만들기

지금도 여전히 미로·MIRO는 업데이트에 성실하다. 이 점은 뮤랄·MURAL도 같다. 한때 이 두 온라인 화이트보드 프로그램이 경쟁적으로 업데이트를 한 적이 있었다. 그 시기가 2020년 10월경이다. 줌·Zoom이 개최하는 개발자 회의 '줌토피아 Zoomtopia2020'에서 뮤랄과 미로를 비롯한 쓰임과 용도가 다른 숱한 디지털 도구를 탑재하는 새로운 플랫폼 'ZAPP'을 소개하면서부터다.

그 당시를 떠 올리면 미로와 뮤랄 업데이트 방향은 향후 어떤 시장에서 경쟁우위를 차지하려고 하는지를 짐작할 수 있었다. 이를테면 뮤랄은 디자인 사고·Design Thinking 퍼실리테이션 중심으로 가닥 잡은 듯 싶었고, 미로 역시 이 결은 같이 하는 듯 싶었지만, 내실은 온라인 회의라는 기업 활동 한 축을 차지하려는 듯했다. 이 점은 뮤랄과 미로 두 도구가 ZAPP에 올린 보도자료에서 쉽게 확인할 수 있다.

미로는 분산된 팀 협업을 지원하고, 뮤랄은 팀 생산성을 높이는 방법론을 제시한다. 뮤랄은 퍼실리테이션, 미로는 온라인 회의라는 점을 나 또한 주장하는 근거가 여기에 있다.

당시 업데이트 항목 중 뮤랄 퍼실리테이션을 확증하게 한 것이 있는데, 바로 '비공개·Private Mode' 기능이다. 앞서 이 기능을 단순히 퀴즈 게임 용도로 소개한 바 있다. 하지만 비공개 기능은 속 깊고 내밀한 의견을 얻는 데 특효이다. 이 기능을 영상을 끈 채로 협업을 한다면 상상을 뛰어 넘는 아이디어를 얻을 수 있다.

반면에 '미로는 온라인 회의다'라고 심증을 굳힌 업데이트 항목은 두 가지다. 하나는 마인드 맵·Mind Map이고 다른 하나는 데이터 테이블과 차트·tables and charts 이다.

마인드맵은 익히 아는 바와 같이 '중심에서 사방팔방 뻗어나간다'라는 뜻을 지닌 생각 정리 기법이다. 이미지·색·부호를 조합하는 방식은 좌뇌와 우뇌 기능을 효과적으로 쓰는 방식으로 알려진 사고법이기도 하다. 이같은 생각 정리 도구는 꽤 많다. 그럼에도 미로가 마인드 맵을 템플릿이 아닌 고정 메뉴로 업데이트 한 데에는 그럴만

뮤랄과 미로 포스트코로나 시대 대응방향 요약

한 까닭이 분명히 있다. 나는 그 이유를 '속도'라고 본다.

뮤랄 캔버스에서 마인드맵을 쓸려면 일일이 다 만들어야 한다. 템플릿이 있긴하지만 마뜩지 않은 수준이다. 해서 미로가 이런 뮤랄 허점을 파고들었다고 보는 것이다. 게다가 마인드 맵은 팀 단위로 협업 하는 이미지를 잘 드러낼 수 있는 점도 한 몫을 했다고 본다. 포스트잇은 개별적 활동이기 때문이다.

데이터 테이블과 차트 업데이트는 미로 사용성 깊이를 더 해 준 항목이다. 이 역시 뮤랄은 지원하지 않는 차별화한 미로 기능이다. 미로는 온라인 회의를 특화하는 데 있어 대면 회의 행동 양식을 충실하게 조사했다고 본다.

또한, 이 차트 기능은 빅 데이터라는 화두를 미로로 끌어 들이는 데도 큰 역할을 했다고도 생각한다. 이 점은 데이터를 다루는 수 많은 전문가와 컨설턴트 이목을 끌 것이 분명하다. 특히 대부분 회의에서 대시보드 · Dash Board가 회의 자료 첫 장을 장식하는 만큼 이 데이터 테이블과 차트 기능은 여기에 부합한다. 아쉬운 점은 추세 그래프가 없다는 점이다.

데이터 테이블과 차트 기능으로 만든 대시보드 만들기

대시 보드 제작 핵심 기능인 프레임·도형·테이블과 차트 메뉴를
좌측 사이드바에 옮긴다.

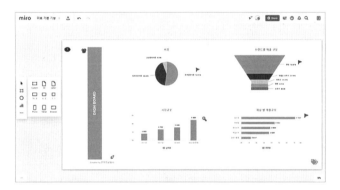

미로 대시보드

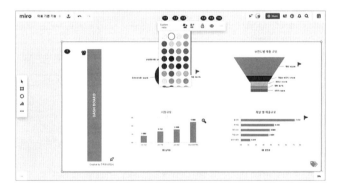

미로 대시보드 만들기 1

① **대시보드 프레임 만들기** 단축키 F 를 써서 프레임을 만든다. 프레임 색깔을 흰색으로 바꾼다.

프레임 색깔 바꾸기는 프레임을 클릭하면 나타나는 빠른 실행 도구 모음 내에 있다.

    ①-1. Custom ratio 프레임 크기와 형태를 선택하는 기능

    ①-2. fill color 프레임 색깔을 지정하는 기능

    ①-3. free form 또는 grid 흩어진 포스트잇 그대로·free form 또는 격자 무늬·grid 형태로 정리하는 기능

    ①-4. lock 프레임을 고정하는 기능

    ①-5. hide frame 프레임 내용을 숨기는 기능

    ①-6. more 11개 편집 기능이 있다. 이 부분은 부록에서 다루고자 한다.

② **대시 보드 제목** 단축키 S 를 써서 사각형을 만든다. 제목을 쓰고 도형 회전 기능을 써서 세로 모양을 만든다.

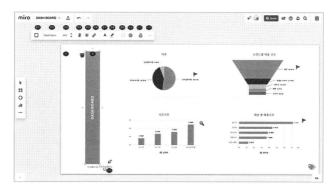

미로 대시보드 만들기 2

도형을 클릭하면 빠른 실행 도구 모음이 상단에 나타난다.

②-1. switch type 현재 선택한 도형을 원·삼각형·직사각형 또는 텍스트 박스·말풍선 등으로 선택할 수 있다.

②-2. font 스물 일곱 종류 글꼴을 선택해 쓸 수 있는 기능이다. 기본 글꼴은 OpenSans이다.

②-3. font size 글꼴 크기는 최소 10, 최대 288 이다.

②-4. font style 글꼴을 굵게·이태릭체·밑줄·취소선 등을 선택해 쓸 수 있는 기능이다.

②-5. alignment 프레임·포스트잇·도형 등에 쓴 내용 위치를 지정할 수 있는 기능이다.

②-6. insert link 참고 사이트 링크를 삽입할 수 있는 기능이다.

②-7. text color 글자 색상을 선택할 수 있다.

②-8. highlight text 글자를 강조하는 형광펜 기능이다.

②-9. boarder style·opacity and color 도형 외곽선 형태·굵기·색상을 지정할 수 있는 기능이다.

②-10. set color and opacity 프레임·포스트잇·도형 등 색깔을 지정하고 형태 외곽선 굵기를 지정할 수 있다.

②-11. lock 필요한 요소를 고정하는 기능이다. 이 기능을 적용하면 SHIFT 키를 누르고 다른 요소와 그룹핑하는 기능도 작동하지 않는다.

②-12. more 15개 편집 기능이 있다. 이 기능에 대한 소개는 부록에서 다루고자 한다.

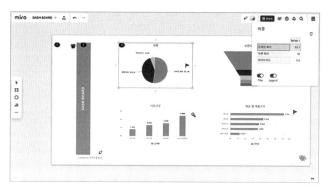

미로 대시보드 만들기 3

②-13. rotation 선택한 도형을 회전할 수 있다.

③ **차트 만들기** 좌측 사이드바 메뉴에서 차트 애플리케이션을 선택한다.

차트를 클릭하면 나타나는 메뉴 바에서 Edit 를 선택하면 차트를 꾸밀 수 있는 간단한 엑셀 시트가 나타난다. 여기 항목에 지표를 기록하면 차트를 꾸밀 수 있다.

미로 보드를 온라인 회의에 적합하다고 여기는 까닭 중 하나는 바로 이 차트와 표 기능이다. 또한, 이 기능은 워크숍에서도 그 진가를 발휘할 수 있다. 뮤랄이 프라이빗 기능으로 내밀한 얘기로 문제해결 실마리를 찾을 수 있다면 미로는 이 기능으로 데이터 기반 문제해결이 가능하다.

PART
III

실전 활용법

뮤랄 만다라트 만들기

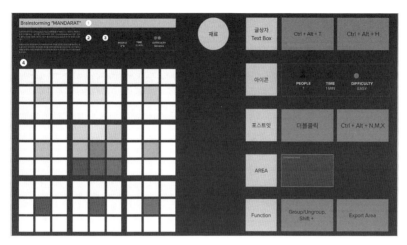

뮤랄 만다라트 설계도

① **제목 만들기** 제목은 [Ctrl] + [Alt] + [T] 단축키를 써서 글상자를 만든다. 또는 좌측 사이드 메뉴 바 상단 'Text' 선택, 'Title'을 선택한 후 캔버스로 끌어와 쓰면 된다.

② **개요 쓰기** 개요 작성은 [Ctrl] + [Alt] + [H]단축키를 써서 상자를 만든다.

또는 좌측 사이드바 메뉴 상단 'Text' 선택, 'Text Box'를 캔버스로 끌어 오면 된다. 상자를 만드는 또 다른 방법은 포스트잇을 만들면 나타나는 포스트잇 상단 메뉴 중 'Switch Type' 선택, 'Text Box'를 선택하면 포스트잇이 상자로 바뀐다.

③ **만다라트 워크숍 안내** 캔버스 좌측 사이드바 'Icons' 메뉴 클릭, 다양한 아이콘을 조합하여 만든다. 여기에서는 점선 부분 밖에서

[Shift] 키를 누른 상태에서 전체 선택을 한 후 복사해 쓴다.

④ **만다라트 만들기** 더블클릭으로 첫 번째 포스트잇을 만든다. 그 포스트잇 우측으로 두 번째, 세 번째 포스트잇을 만든다.

뮤랄 만다라트 만들기 1

'Shift' 키를 누른 상태에서 세 포스트잇을 모두 선택하면, 상단에 메뉴가 나타난다. 상단 메뉴 중 좌측에서 네 번째 'Align' 메뉴를 클릭하면 '상단', '하단' 정렬 기능과 포스트잇 간 간격을 균등하게 할 수 있는 기능을 이용하여 포스트잇을 가지런히 정리 할 수 있다.

포스트잇 세 개를 하나로 묶은 상태에 'Alt' 키를 누르고 마우스를 가져가면 마우스 커 서가 변한다. 그 상태 그대로 아래로 끌어내리면 포스트잇이 복사된다. 그렇게 한 번 더 복사하면 3×3 포스트잇을 손쉽게 만들 수 있다.

3×3 포스트잇을 그룹핑 한다. 그룹핑은 [Shift] 키를 누른 상태에서 마우스로 포스트잇 전체를 선택하는 것이다. 이 상태에서 마우스 오른쪽 버튼을 클릭, 'Group' 메뉴를 클릭하여 3×3 포스트잇을 한 그룹으로 지정한다. 그룹핑 된 3×3 포스트잇 테두리는 파란색

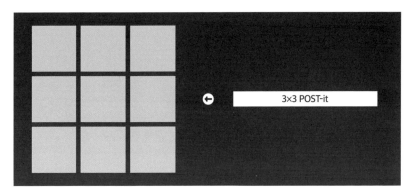

뮤랄 만다라트 만들기 2

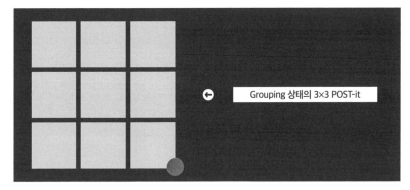

뮤랄 만다라트 만들기 3

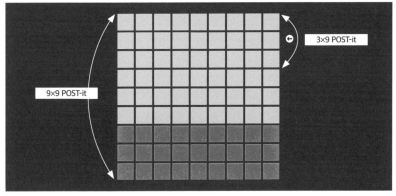

뮤랄 만다라트 만들기 4

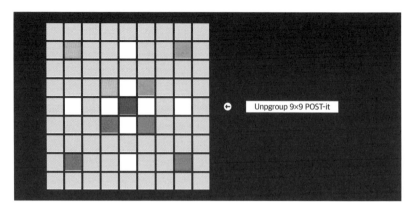

뮤랄 만다라트 만들기 5

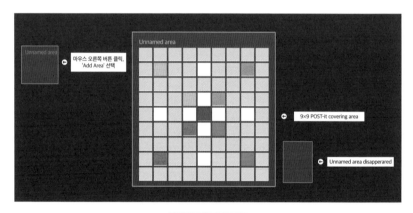

뮤랄 만다라트 만들기 5

border line이 생긴다.

이렇게 그룹핑 한 포스트잇을 다시 'Alt' 키를 누르고 우측으로 두 번 복사를 하면 3×9 포스트잇이 만들어진다. 이 3×9 포스트잇을 그룹핑 한 후 아래로 두 번 끌어 내리면 9×9 포스트잇이 만들 수 있다. 만다라트를 완성한 것이다.

그룹핑 된 9×9 포스트잇은 마우스 오른쪽 버튼을 클릭, 나타나는 메뉴 중 'Ungroup' 기능을 선택해야 포스트잇 색깔을 바꿀 수 있다.

이 9×9 포스트잇을 이미지 파일 또는 PDF 파일로 출력할 수 있다. 먼저 마우스 오른 쪽 버튼 클릭 'Add Area'를 선택, 나타난 AREA 로 9×9 포스트잇 전체를 덮는다.

마우스 커서를 AREA에 가져다 놓고 마우스 오른쪽 버튼 클릭, 나타나는 메뉴 중 'Area Export'를 선택한 후 '이미지 파일' 또는 'PDF 파일'을 선택하면, 회원 가입 시 등록한 이메일로 두 종류 파일을 다운로드할 수 있는 메일이 도착한다.

참고로 AREA 좌측 상단 'Unnamed AREA'는 'AREA 제목'을 쓰는 곳인데, AREA를 선택하면 나타나는 상단 메뉴 중 우측에서

Your mural export is ready

September 10, 2020

Hi PHILIP HAN, your export of PATAGONIA Function Key is ready to download:

DOWNLOAD PDF

This download link will expire in 5 days.
After that, you'll have to export this mural again.

If you didn't request to export this mural, please contact us at support@mural.co

뮤랄 만다라트 만들기 7 EXPORT

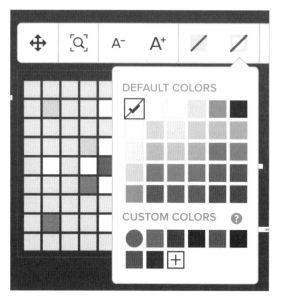

뮤랄 만다라트 만들기 8 색상변경

세 번째 'Toggle Title'을 클릭하면 사라진다.

보다 선명한 화면의 '만다라트'를 얻기 위해서는 'AREA'를 선택, 나타나는 상단 메뉴 중앙

'background color'와 'border color' 두 메뉴를 각각 클릭, 'color'를 지정하지 않으면 된다.

⑤ 만다라트 완성

• 만다라트 만들기 제작 팁

'만다라트' 만들기는 3개 요소로 구성되어 있다. '제목', '개요 쓰기', '만다라트' 이다. 이 세 구성 요소를 캔버스에 표현하기 위해서는 각기 다른 기능을 익혀야 한다.

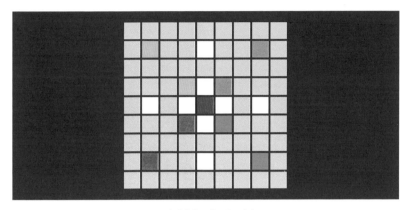

뮤랄 만다라트 만들기 9 완성

제목은 Ctrl + Alt + T 단축키, 개요는 Ctrl + Alt + H 단축키, 만다라트는 포스트잇을 만든 후 'Shift' 키를 활용한 전체 선택, 'Alt' 키를 활용한 복사 기능을 익히면 금세 만들 수 있다.

AREA 기능은 사진기 '뷰 파인더(View Finder: 촬영 범위나 구도, 초점 조정의 상태 따위를 보기 위하여 눈으로 들여다보는 부분)'와 같다. 즉, 내가 보고 싶은 범위 또는 워크숍 참석자에게 보이고 싶은 면만 드러낼 때 이 AREA 기능을 쓴다.

뮤랄 세 가지 질문 워크숍

세 가지 질문 워크숍은 톨스토이가 쓴 책 '세 가지 질문'에서 영감을 얻은 것이다. 이 워크숍은 워크숍 개요와 세 개 라운드를 포함해 총 네 개 영역 · AREA이다.

① **작동 원리** 톨스토이 '세 가지 질문'은 평범한 일상을 깨운다. 삶에 부침이 심할 때 세 가지 질문은 이 삶의 주인공이 누구인지를 스스로 깨닫게 한다. 또한 사소함 속에 자기 삶을 회고하고 성찰하도록 한다. 이런 배경을 참고하여 세 가지 질문을 새롭게 재구성한 것이다.

워크숍은 한 나라 왕이 등장하면서 시작한다. 한 신하가 언제 무슨 일이 일어나는지 알 수 있다면, 첫째 가장 필요한 사람은 누구이고, 둘째 하지 말아야 할 일은 무엇이며, 셋째 가장 중요한 일은 무엇인지를 물었다.

② **사용 시기** 이 워크숍은 다양한 방식으로 활용할 수 있다. 회고와 성찰이 필요한 때라면 언제든 워크숍 문은 열린다. 게다가 세 가지 질문은 변주가 가능하다. 이를테면 셀프리더십·팔로워십 등 스스로 다짐과 각오가 필요할 때 쓰면 알맞다.

③ **주의사항** 워크숍 완성도를 높이고자 참석자 생각과 의견에 크게 관여하지 않는 것이 바람직하다. 회고와 성찰 워크숍 임을 깊게 이해하고 퍼실리테이터는 무엇을 어느 부분을 촉진할 것인지에 집중하는 편이 옳다.

④ **프로 팁** 뮤랄 프라이빗 모드와 셀레브레이터 기능은 이 워크숍 중심 퍼실리테이션이다.

⑤ 온라인 퍼실리테이션

• 개요

: 워크숍 배경과 목적을 설명한다. 긴 설명을 하지 않도록 한다. 세 개 라운드 참여 방법을 설명한다. 특히 3라운드 설명에 정성을 다한다. 그 까닭은 3라운드는 이 워크숍에 참석한 경험을 토대로 세 가지 질문을 만들어야 하기 때문이다.

톨스토이 세 가지 질문에 대한 이해도를 높이기 위해 그의 사진과 참고 동영상을 제공한다. 워크숍은 한 신하가 왕에게 던진 질문을 참석자에게도 질문하면서 시작한다.

• 1라운드

: 참석자 자신을 상징하는 아바타를 GIF 파일로 찾아 선택하고, 원 중앙에 모두 놓는다.

: 원 중앙 아바타 주인공이 누구인지 맞히는 가벼운 대화로 참석자 존재감을

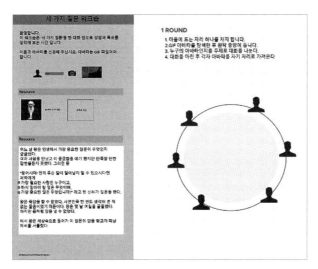

뮤랄 세가지 질문 워크숍 1

서로 인식하도록 한다.

: 아바타 주인공은 발언권을 갖고 자기소개를 한다.

· 2라운드

: 톨스토이 세 가지 질문에 참석자는 자기 생각을 정리한 후 포스트잇에 쓴다.

: 질문에 답변을 쓰는 이 시간은 자신을 회고하는 시간이다. 해서 퍼실리테이
터는 프라이빗 모드를 실행한다. 누구 간섭 받지 않고 온전히 자기 시간이 되
도록 하는 것이다.

: 답변 작성을 모두 마친 후에는 참석자 모두는 발표 준비와 순서를 정한다.

: 우측 상단 V 표시는 답변 작성을 마쳤다는 신호를 퍼실리테이터에게 보내는
것이다. 모든 참가자가 투표를 마쳤다면 3라운드로 들어간다.

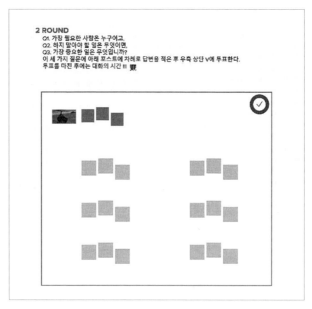

뮤랄 세가지 질문 워크숍 2

• 3라운드

: 2라운드 결과물 발표를 시작하면서 3라운드를 시작한다.

: 발표를 들으면서 발표자에게 할 질문을 포스트잇에 기록한다.

: 또는 발표 내용에 영감을 얻은 질문을 포스트잇에 쓴다.

: 참석자 모두 발표를 마쳤을 때 3라운드에는 여러 장의 새로운 질문이 있어야 한다.

: 이 새로운 질문에 투표를 하고 투표 결과를 공유한다. 이때 투표 결과를 알리는 데 많은 시간을 쓰지 않도록 한다.

: 워크숍을 마무리 짓기 전 새로 만들어진 질문에 의미와 가치를 부여하고, 참석자 전원에게 축하를 전하는 셀러브레이트 기능으로 워크숍을 종료한다.

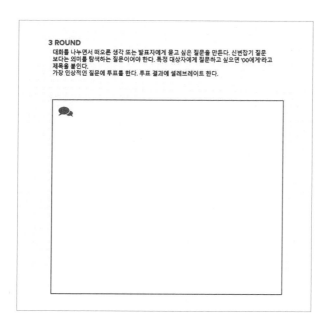

뮤랄 세가지 질문 워크숍 2

미로 M2M SPRINT 워크숍 ↖

프로세스 라이팅을 위한 선형 레이아웃에서 소개한 템플릿이다. 온라인 회의를 협업 워크숍 용도로 기획·설계한 것이다. 이 장에서는 이 워크숍 템플릿 실전 사용 방법을 전하고자 한다. 설명에 앞서 소개하는 템플릿은 온라인 회의 5요소 이름을 워크숍 용으로 명칭을 바꾼 것이다. 이 템플릿은 다양한 주제를 다룰 수 있는 표준으로 삼을 만해서 M2M SPRINT라는 이름도 붙였다. 스프린트는 IT 용어로 '혁신'이라는 뜻으로 쓴다. 즉 뮤랄과 미로 두 디지털 도구로 온라인 퍼실리테이션과 회의 혁신을 이룰 수 있다는 의욕을 담은 표현이다.

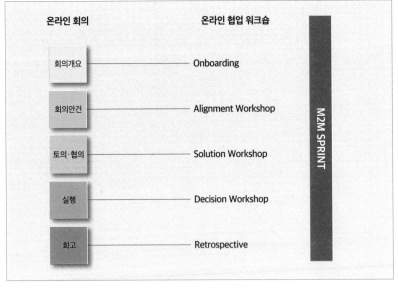

미로 M2M SPRINT 워크숍

M2M SPRINT 첫 번째는 Onboarding이다. 온보딩 목적은 워크숍 참석자를 돕는 것이다. 협업 워크숍은 회의와는 다르게 배우고 익혀야 할 것이 있다. 이 학습을 토대로 토의하고 해결안을 마련해야 하기 때문이다. 이를 프로세스 활동이라고 하고, 이 활동을 촉진하는 일이 곧 퍼실리테이션이다. 해서 아래 템플릿은 퍼실리테이터 입장에서 그 내용을 설명하고자 한다.

① **작동원리** 온보딩 기본 요소는 워크숍 목적과 참석자 활동을 정확하게 전하고 납득시키는 데 있다. 특히 온라인 협업 상황을 고려할 때 기능을 익히고 쓸 때를 알리는 일은 중요한 활동 중 하나이다. 이 템플릿에 포함한 기본 요소는 모두 7개이다.

A 워크숍 소제목

B 퍼실리테이터 소개 - 아바타 또는 gif 파일로 퍼실리테이터 자신을 소개한다.

C 워크숍 개요

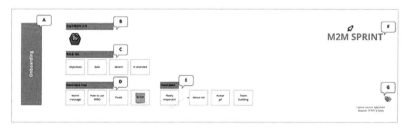

미로 M2M SPRINT 워크숍 Onboarding

D 워크숍 준비 항목 - 환영 인사와 함께 미로·MIRO를 소개한다. 워크숍 활동에 꼭 필요한 포스트잇 만들기와 편집 기능을 설명하고 실습한다. 투표 기능으로 출석부를 만들어 시연한다.

E 팀 빌딩 - 아바타를 만들어 자기 자신을 소개하도록 돕는다.

F 워크숍 명칭

G 템플릿 제작자

② **사용 시기** 온보딩은 참석자와 퍼실리테이터가 처음 만나는 시간이다.

③ **주의사항** 위 7개 항목 중 A·F·G는 템플릿 형식 요소이다. 반면에 B·C·D·E 네 항목은 내용 부분에 해당한다. 내용 부분은 워크숍 성격 또는 퍼실리테이터 의도에 따라 구성이 달라질 수 있다. 하지만 팀 빌딩만큼은 반드시 실행해야 한다.

④ **프로 팁** 포스트잇 한 장에 출석부라고 쓰고, 이곳에 투표하도록 요청한다. 투표를 마치면 참석자가 총 몇 명인지를 알 수 있다. 이 기능은 워크숍 틈틈이 쓸 것을 권한다.

⑤ **온라인 협업** 온보딩에서는 3 종류 실습이 있다. 포스트잇 만들기와 편집 기능 익히기·투표·아바타 만들기 팀 빌딩이 그것이다. 이 세 실습을 온보딩 프레임에서 직접 할 수 있고, 실습 프레임을 별도로 마련해 쓸 수도 있다. 실습 프레임을 각각 만들 때 주의할 점이 있다. 프레임을 만들면 보드 좌측 창에도 프레임이 만들어진다. 파워포인트 슬라이드 좌측 창을 떠 올리면 쉽다. 한데 이 좌측 프레임

창을 열면 보드 전체 중 1/3만큼 화면을 쓰지 못한다. 오른손으로 마우스를 잡고 있는 경우 퍼실리테이터는 마우스 커서를 대각선으로 움직여야 한다. 이 점이 불편했다. 해서 프레임을 설정하지 않고 프레젠테이션 효과를 내고 참석자는 실습을 알맞게 하는 방법을 찾았다.

프레임 편집 메뉴 즉, 프레임을 클릭했을 때 나타나는 상단 메뉴바 more에 있는 'Copy link'와 'Link to' 두 기능을 협업해 쓰면 마우스 커서를 대각선으로 이동하지 않아도 퍼실리테이션이 가능하다. 좀 더 세밀해진다.

요컨대 프레임을 클릭하지 않아도 목표하는 곳으로 공간 이동해주는 기능이다. 바로 Copy link와 Link to기능이다. 이 두 기능을 쓰면 프레임을 쓴 것과 같은 효과를 낸다. 이런 예는 어떨까 싶다. 프레임은 대륙과 대륙을 이동하는 비행기라면 링크는 여행지 주요 명소를 다닐 수 있는 자동차쯤으로 여기면 이해하기 쉽다. 이런 해석도 가능하다. 설명은 프레임으로, 실습은 링크로 이동한다고 말이다.

Copy link와 Link to 사용 예시

D 항목은 워크숍 준비 부분이다. 여기에는 참석자들이 꼭 익혀야 할 두 기능이 있다. 하나는 포스트잇을 만들고 편집하는 기능이고, 다른 하나는 투표에 참여하는 방법이다. 한데 이 두 기능을 퍼실리테이터 설명으로 끝낸다면 프레임 처리를 하면 된다. 한데 실습을

해야 한다면 Copy link와 Link to 기능을 적용해야 한다.

두 기능 설정은 우선 어떤 퍼실리테이션을 할 것인지가 먼저다. 이를 영상으로 만든다고 생각하면 스토리보드는 아래와 같을 것이다.

step 1 포스트잇이라고 쓴 사각형에서 포스트잇 작성 실습 프레임으로 이동한다.

step 2 포스트잇 실습을 마치면 투표라고 쓴 사각형으로 이동한다.

step 3 투표 실습을 마친 후 아바타 자기소개 실습 프레임으로 이동한다.

step 4 아바타 자기소개를 마친 후 온보딩 프레임으로 돌아온다.

위 story 1을 Copy link와 Link to 기능을 적용하면 '포스트잇이라고 쓴 사각형'은 Link to 메뉴를, 작성 실습 프레임은 Copy link 메뉴를 실행하면 된다. 순서는 Copy link 메뉴부터다. 아래는 포

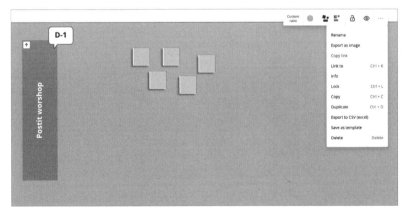

미로 M2M SPRINT 워크숍 Onboarding 링크 설정 1

스트잇 작성 실습 프레임 Copy link 메뉴를 실행하는 화면이다. Copy link를 실행한다는 말은 포스트잇 실습 프레임은 고유 URL 이 있다. 이 URL을 복사한다는 말이다.

포스트잇 작성 실습 프레임 URL을 복사한 후 포스트잇이라고 쓴 사각형을 클릭 more 메뉴에서 Link to 기능을 실행, Copy link 한 URL을 붙여 넣기 하면 설정이 완료된 것이다. 포스트잇이라고 쓴 사각형 우측 상단에 화살 표시가 생겼고, 이 화살표를 클릭하면 포스트잇 작성 실습 프레임으로 화면이 이동한다.

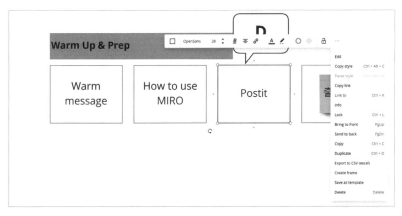

미로 M2M SPRINT 워크숍 Onboarding 링크 설정 2

Link to object 메뉴 박스에 붙여 넣기 하면 링크가 삽입된 것이고, 그 표시가 화살표가 나타난다.

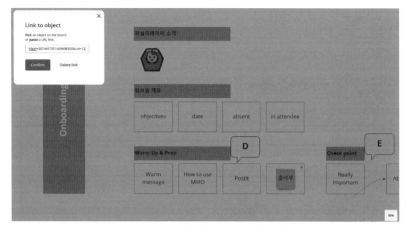

미로 M2M SPRINT 워크숍 Onboarding 링크 설정 3

우측 상단 화살표에 마우스 커서를 가져가면 포스트잇 작성 실습 프레임 URL을 볼 수 있다. 화살표를 클릭하면 우주를 통과한 후 목적지인 포스트잇 작성 실습 프레임에 도착한다.

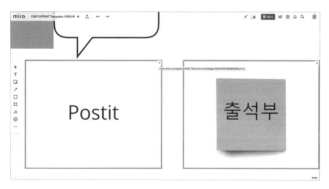

미로 M2M SPRINT 워크숍 Onboarding 링크 설정 4

Copy link와 Link to 기능은 프레임에만 적용되는 것은 아니다. 미로 보드 내 모든 구성 요소에는 저마다 개성 지닌 URL이 있다. 해서 링크 설정은 미로 보드 설계 핵심 중 핵심이라고 할 수 있다. 이 두 기능을 이해했다면 불가능한 온라인 협업 워크숍은 없다.

story 2·3·4 모두 story 1에서 소개한 방법대로 적용하면 링크 기능은 완벽하게 이해하고 쓸 수 있는 능력을 갖춘 셈이다.

Alignment Workshop

① **작동원리** 워크숍 참석자 모두가 공감하는 해결해야 할 문제를 찾는 워크숍이다.

- **워크숍 안내** Alignment Workshop 목적·그라운드 룰·투표 방법·시간 계획· 역할·워크숍 맵 등을 안내한다.

- **워크숍 안건에 대한 질문** 문제 발견·Discover – 무엇을 알아야 합니

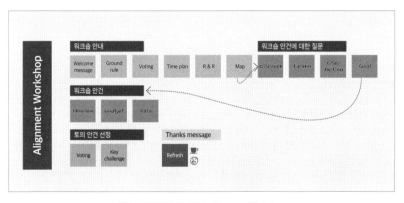

미로 M2M SPRINT 워크숍 Alignment Workshop

까·Learn – 어떤 활동을 해야 합니까·Action – 문제정의·Goal

- **워크숍 안건** 문제를 찾는 브레인스토밍
- **토의 안건 선정** 브레인스토밍으로 얻은 아이디어 투표 후 핵심 메시지·Key Challenge 선정
- 휴식

② **사용 시기** Alignment Workshop은 내가 이곳에 왜 있고, 이 워크숍은 내게 어떤 의미가 있고, 내가 해야 할 일은 무엇인가?라는 세 가지 질문에 참석자 스스로 납득할 만한 이유를 찾는 퍼실리테이션을 계획·실행해야 한다.

온라인 회의 유형 중 부서 간 입장을 조율하고 공감대를 형성이 필요할 때 이 부분만 적용해 쓸 수 있다.

③ **주의사항** 워크숍 안건 즉, 문제를 찾는 네 가지 질문 쓰임에 대한 설명과 예시가 충분해야 한다. 이 워크숍 핵심 프로세스이기 때문이다.

④ **프로 팁** 핵심 메시지 즉, 문제정의문 작성 방법을 소개한다. 한데 기법에 치중하면 놓치는 부분이 있다. 그것은 해결 가능성을 스스로 깎아내린다는 것이다.

문제정의문을 작성할 때는 '이 문제 해결안을 우리가 찾을 수 있다'라는 공감이 중요하다. 또한, 문제 정의문은 우리 팀 의견을 구조화한 점을 인식하고 수용하는 일 또한 기억해야 한다. 하지만 문제

정의문을 작성하는 데 많은 시간을 쓰지 않도록 퍼실리테이터는 정성을 들여야 한다.

⑤ **온라인 협업** Alignment Workshop부터 참석자 활동이 점점 많아진다. 하지만 가장 중요한 활동인 문제 정의문 작성 중심으로 시간 관리를 해야 한다. 더불어 휴식 시간 역시 전략적으로 활용해야 한다.

Solution Workshop

① **작동원리** Solution Workshop 핵심 활동은 두 가지이다. 하나는 앞서 정의한 문제가 왜 중요한지를 논의하는 일이고, 다른 하나는 문제 해결안을 찾아 모두 공감하는 일이다. 토의 1과 2 활동 중 세심하게 해야 할 퍼실리테이션은 이미지를 찾아 문제 해결 대안으로 삼는 것이다.

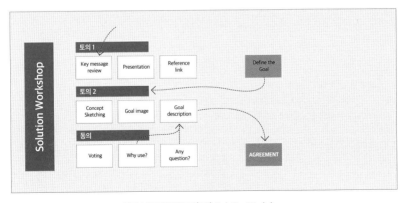

미로 M2M SPRINT 워크숍 Solution Workshop

② **사용 시기** 문제정의문을 다듬은 후 대안 탐색 활동할 때 쓴다. 이때 대안 탐색은 텍스트에서 이미지로 전환한다. 떠오르는 이미지를 스케치하는 방식도 추천한다.

③ **주의사항** 이미지 탐색으로 전환할 때 간혹 장난기가 발동하는 참석자가 있다. 그 활동을 독려하지는 않지만 그렇다고 막아서지도 않는다. 되레 웃음을 자아내 워크숍 분위기를 긍정적으로 환기한다고 여기기 때문이다.

④ **프로 팁** 투표 활동 전 투표 대상 아이디어에 대한 충분한 질의응답 시간이 필요하다. 한데 이 활동은 늘 워크숍 시간과 맞물려 때로는 지루한 워크숍이 되곤 한다. 해서 제한 시간을 둔 퀴즈 형식을 갖추는 것도 고려해 볼 만하다.

⑤ **온라인 협업** 이 워크숍 특징 중 하나는 '전환'이다. 대안 탐색 방식이 이미지로 전환하는 점을 고려한 설계와 퍼실리테이션이어야 한다. 또한, 투표 전 활동인 '왜, 이 아이디어를 문제 해결 대안으로 써야 하는가?'라는 질의응답 시간 역시 정성을 들여야 한다.

Decision Workshop

① **작동원리** Decision Workshop 핵심 활동은 피드백·Feedback이다. 피드백을 활성화하기 위해서 디자인 사고 한 부분인 프로토타입을 적용했다. 피드백은 단순히 좋다 나쁘다 수준이 아니다. 해결안 - 프로토타입 - 이해관계자 이 삼박자를 맞춰야 한다. 해서 이해관

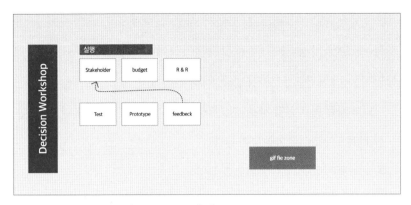

미로 M2M SPRINT 워크숍 Decision Workshop

계자에 대한 정보 분석을 근거로 피드백이 실행되어야 한다.

② **사용 시기** 문제 정의 - 해결안 두 관계는 합리적인 수준을 유지해야 한다. 참석자 중 누군가 이의 제기를 할 때 피드백 수준을 조율하고 다시 합의해야 한다. 한데 이전 단계로 돌아가는 것은 신중해야 한다.

온라인 회의 유형 중 문제해결을 위한 부서 간 이해관계를 조정할 때 이 워크숍을 적용해 쓸 수 있다.

③ **주의사항** 피드백은 근거 자료를 토대로 실행해야 한다. 해서 이 워크숍에서는 참고 자료·동영상·연구사례 등 자료를 제시해야 한다.

④ **프로 팁** 자료는 미로 노트 기능을 활용해 기록 또는 보관할 수 있다. 피드백 활동과 관련한 모든 내용을 노트에 요약정리한 후 PDF 파일로 내려받아 참석자 전원에게 제공하거나 보고서로 활용할 수 있다.

⑤ **온라인 협업** 이 워크숍은 근거 자료를 토대로 피드백 수준을 유지하는 것이 가장 중요한 퍼실리테이션이다. 해서 외부 자료 링크 삽입하는 방법과 노트 활용법을 익혀두는 것이 효과적이다.

• **외부 자료 링크 삽입** 자료 URL 복사한 후 보드에 그대로 붙여 넣기 한다.

• **노트 활용법** MS 워드 사용법과 동일하다. 또는 제공하는 노트 사용법을 따라 하면 된다.

미로 M2M SPRINT 워크숍 Decision Workshop 노트 활용법

Retrospective

① **작동원리** Retrospective Workshop은 워크숍 참여 경험을 긍정적인 활력을 만들어 준다. 이 활력은 통찰하는 데 필요한 결정적인 에너지이다. Retrospective Workshop은 워크숍 참여 경험을 활력으로 만드는 과정이다. 이 활력은 워크숍을 통해 자기 자신에게 이로운 가치를 발견하는 에너지로 쓰인다. 또한 그 가치를 실행하고자 하는 계획을 수립할 때는 스스로를 동기 부여하는 힘이다.

미로 M2M SPRINT 워크숍 Retrospective

애자일·Agile은 이 회고와 성찰을 팀이 한 단계 더 성장하기 위해 자기 자신에게 들이는 정성이라고 말한다.

② **사용 시기** 온라인 회의·워크숍뿐만 아니라 프로젝트 또는 과제를 마무리하는 시점에서 쓴다. 온라인 상황이라면 회고와 성찰은 꼭 할 것을 당부한다.

③ **주의사항** 워크숍 주제와 성격에 맞는 관점을 선정해 쓸 것을 당부한다. 가장 익숙한 회고 전 관점은 '배운 점 − 부족했던 점 − 좋았던 점', 'Start − Stop − Continue'일 것이다.

④ **프로 팁** 회고 전 발표자는 적정해야 한다. 워크숍 마무리가 더 중요하기 때문이다.

⑤ **온라인 협업** MAD − SAD − GLAD 회고 관점은 언제 쓰는 것이 좋을까?

: WHAT − SO WHAT − NOW WHAT 관점은 어떤 워크숍에 적합할까?

: Liked − Learned − Lacked − Longed for 관점은?

다음 세 가지 질문은 워크숍 전체를 마무리 짓기 전 참석자 마음 관리 슈퍼비전쯤으로 생각할 수 있다.

• **CARE** 우리는 서로를 잘 돌봤습니까?

• **PROGRASS** 우리가 한 일은 얼마나 큰 진전일까요?

• **COMMENT** 남기고 싶은 말이 있습니까?

온라인 회의 미로 진행 기능 Summary

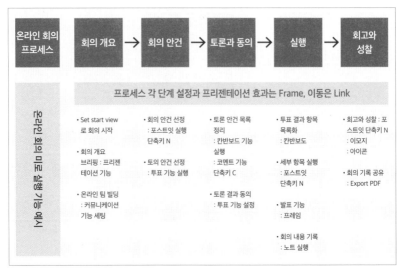

온라인 회의 프로세스별 미로 기능 활용 요약

온라인 회의 뮤랄 진행 기능 Summary

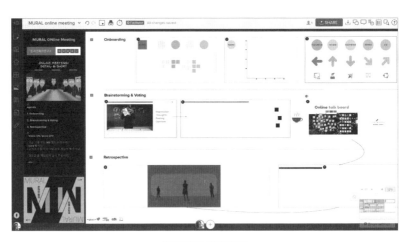

온라인 회의 뮤랄 템플릿

뮤랄 온라인 회의는 'Onboarding', 'Brainstorming – Decision', 'Retrospective' 3단계이다. 이 회의 목적은 첫째, 뮤랄 기본 기능을 익히는 것이고, 둘째 기본 기능을 실제적으로 사용하는 체험을 하는 것이다.

ONBOARDING

온라인 회의 뮤랄 온보딩

회의 참석자 컨디션과 기대감을 알고, 참여 활동에 필요한 뮤랄 기능을 익히는 세션이다.

① 참석자 참여 활동 기능

    ①-1. **참석자 명단 작성** 일종의 참석자 출석 체크쯤으로 여길 수 있다. 구글 스프레드시트에 이름을 작성하면, 퍼실리테이터는 이를 뮤랄 캔버스에 옮긴다.

    ①-2. **참석자 분임조 구성** 포스트잇 배열· Arrange 기능 활용한다.

② 참석자 기대감 체크

    ②-1. 참석자 이름이 적힌 포스트잇을 기대감 매트릭스에서 사용하도록 한다.

    ②-2. 참석자는 기대감 매트릭스 활동을 한다.

    ②-3. 퍼실리테이터는 주요 내용을 공유한다.

③ 온라인 회의 참여 기능 연습

　③-1. **포스트잇** 더블클릭

　③-2. GIF 파일로 자기 존재감 드러내기

Brainstorming & Voting

온라인 회의 뮤랄 브레인스토밍

회의 주제와 관련한 본격적인 참여 활동을 시작한다. 주의사항이 있다. 참석자에게 구체적인 행위를 요구해야 한다는 점이다.

예를 들어, '아이디어를 시작하겠습니다'가 아니라 '브레인스토밍 후 우선순위 3개를 선정하겠습니다'까지 말해야 한다. 요컨대 '발산과 수렴' 행동을 알려야 한다는 것이다.

해서 온라인 회의는 '브레인스토밍과 투표'는 한 세트로 생각하면 쉽다. 여기에 셀레브레이트까지 곁들이면 삼박자가 완성한다고 할 수 있다.

④ 동영상을 함께 시청한다.

⑤ 회의 주제는 '온라인 회의는 이와 달라야 합니다. 무엇을 바꿔야 할까요?'이다.

⑤-1. 참석자는 포스트잇에 의견을 적는다. 프라이빗 모드를 실행한다.

⑤-2. 포스트잇 배열·Arrange 기능과 리사이즈·resize 기능을 실행한다.

⑤-3. 타이머와 함께 투표 기능을 실행하고, 투표수에 따라 우선순위를 선정한다.

⑦ 선정한 3개 의견에 '왜, 이것이 중요한가?'를 묻는다. 일종의 합의를 이루는 질문이다.

⑥ online talk board는 자기 존재감과 개방성을 높이는 프로그램이다.

Retrospective

온라인 회의 뮤랄 회고

'회고'는 온라인 회의 시 시간이 없다는 이유로 빼먹어서는 안 된다. 그 까닭은 단 하나다. 온라인 회의는 결론 못지않게 중요하게 여겨야 할 점이 하나는 '존재감'이고 다른 하나는 '고립감'이다.

온보딩은 '고립감'을 타파하는 워크숍이고, 회고는 '존재감'을 환기한다.

⑧ '이 회의를 통해 자신의 어떤 면이 진보했는가?'를 질문한다.

⑧-1. 포스트잇으로 답변을 쓴다.

⑧-2. 1~2명에게 발표를 요청한다. 발표는 AREA-Outline 기능으로 설정한다.

다음 회의는 이 회의 결론인 3개 우선순위에 대한 실행계획을 수립하는 워크숍이다. 온라인 회의는 1Time－1Subject가 좋다.

미로와 뮤랄로 탁 트인 미래를 보다

스타트업 본산이라고 할 수 있는 샌프란시스코, 뮤랄은 캘리포니아 스트리트에, 미로는 브레넌 스트리트에 자리하고 있다. 자동차로

미로와 구글 회사 위치

15분 내 거리에 두 회사가 있다. 이쯤 하면 한 동네 이웃사촌이랄 만하다고 했더니 지인이 미국을 모르는 소리라고 핀잔을 준다. 하기야 두 회사가 어디에 있느냐는 그리 중요한 사항은 아니다. 두 온라인 화이트보드 프로그램을 주제로 글을 쓰다 보니 미주알고주알 아는 것이 많아졌을 뿐이다.

g2.com은 수많은 소프트웨어 사용성 비교를 서비스하는 인터넷 기업이다. 이 사이트에 미로와 뮤랄 사용자를 대상으로 26개 항목

g2.com 홈페이지

mural.co 홈페이지

miro.com 홈페이지

에 대한 토의·평가·후기 글이 게시되어 있다. 여러 상황과 조직 문화와 일하는 방식이 우리와는 딴판이지만 꼼꼼히 짚어 보면 이득이 될 내용이 꽤 많다.

미로와 뮤랄 사용자가 어느 정도 규모인지도 정확하지 않고, 뮤랄과 미로가 애타게 주장하는 비즈니스 콘셉트에 국내 기업은 아직 눈길을 주지 않고 있다. 그렇다고 실망할 일만은 아니다. 미로와 뮤랄 역시 2020년 들어 각광받기 시작한데다 더 중요한 사실은 포스트 코로나 시대가 이미 시작했다는 점이다. 국내 기업 역시 이 점을 부인할 순 없을 것이다. 또한, 각 분야에서 활동하는 컨설턴트와 퍼실리테이터를 포함해서 말이다.

아직은 걸음마 단계에 불과한 온라인 회의와 퍼실리테이션은 어떤 경로일지는 예측할 수 없지만 뮤랄과 미로 두 플랫폼을 어떤 형태로든 분명 거쳐갈 수밖에 없다. 이 전망은 사사로운 것이 아니다.

미로와 뮤랄이 이 단계를 밟고 우뚝 서고 있기 때문이다. 뮤랄과 미로 향후 행보에 관심을 두고 지켜보는 일 또한 포스트 코로나 시대에 발휘해야 할 리더십 항목 중 하나라고 여기는 까닭이다.

뮤랄과 미로를 처음 접하고 공개 과정 참석자 대다수가 이구동성으로 한 얘기는 '신세계'였다. 특히 포스트잇이 구현되는 과정과 배열·정렬·그룹핑 등 회의와 퍼실리테이션 기본 활동이 원활하게 작동되는 것을 직접 체험하면서 온라인 워크숍에 자신감이 생겼다고 했다. 미로와 뮤랄을 대하는 현재 우리 태도는 호의를 느끼는 단계라고 할 수 있다. 그러면서도 망설이는 부분이 있다.

제일 먼저 엄두나 지 않는다고 하는 부분이 제작 부분이다. 이 점은 두 도구 모두 템플릿을 제공하고는 있지만, 이것은 어디까지나 영어 문화권에 유익한 점이다. 또한, 한글 지원이 완벽하지 않은 점도 국내 사용자 확대를 더디게 한다. 이와 관련한 뮤랄과 미로 측 공식 입장은 없다. 다만 현재 두 기업이 유럽 지역 공략에 우선순위를 두고 있다는 소식을 접했을 뿐이다.

하지만 국내에서 미로와 뮤랄 사용 가능성은 무한하다고 본다. 해서 차근차근 대비를 하는 것이 이 책 목적이고, 포스트 코로나 시대에도 지속 가능한 일을 하기 위한 준비이다.

뮤랄과 미로 사용자가 g2에 게시한 사용성 비교 항목 시작은 가격이다. 뮤랄은 30일 무료 사용 후에 매월 $12 한화 약 1만 4천 원선이고, 1명이 추가할 때마다 과금을 해야 한다. 미로는 회원 가입

	MURAL	MIRO
무료 계정	30일 사용	보드 3개만 허용
유료 계정	$12(한화 약 1만 4천 원)	$12(한화 약 1만 4천 원: 컨설턴트 플랜) $16(한화 약 1만 8천 원: 팀 플랜)
과금 방식	구독 (해지를 하지 않으면 자동 결제)	구독 (해지를 하지 않으면 자동 결제)
브레인스토밍 지원 기능	아이디어 유목화	마인드맵
프레젠테이션 지원 기능	MS 터치 스크린	포인터 지원
핵심 제작 기능	AREA · Outline	Frame · Note · Link
메뉴 개수	약 42개	약 72개
일하는 방식	Design Thinking · Agile	Agile · Online Meeting
성공사례	IBM과 Design Thinking 협업	중소기업 군에서 우세

후 무료 사용자에게는 보드 3개만 지원한다. 미로는 2명 이상 등록하는 팀 플랜은 매월 $16 한화 약 1만 8천 원 선이고, 1인 컨설턴트 플랜은 $12이다. 기업에 제공하는 서비스는 상담 후 가격을 결정한다. 하지만 학교는 무료로 제공한다. 한 가지 주의할 점은 과금 방식이 구독 방식이기 때문에 구독 해지를 하지 않으면 매월 자동 결제된다는 점이다.

　미로와 뮤랄 두 도구 사용 편의성과 관리 용이성·지원 품질·비즈니스 용이성 등을 평가하는 항목 대부분은 대등소이하다. 관리 용이성과 비즈니스 용이성 부분이 미로가 뮤랄 보다 0.5p·0.3p 높다. 짐작하건대 관리 용이성 측면은 미로에만 있는 파일 백업 기능 때

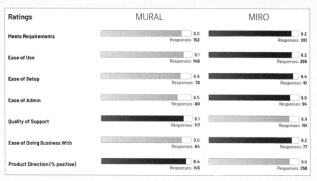

뮤랄 미로 편리성 비교

문 아닌가 싶다. 비즈니스 용이성 부분은 데이터 테이블과 차트·노트·펜 성능이 미로가 우위에 있기 때문 같다.

이 밖에도 디자인과 협업 도구 차이는 크지 않았다. 특이한 점은 미로는 자체적으로 영상을 지원한다. 이 점을 한 사용자가 뮤랄 측에 질문을 했다. 답변이 예술이다.

"영상 지원이 좋은 기능이라는 것을 우리는 안다. 하지만 그것은 뮤랄을 사용하는 핵심적인 재미가 아니다. 향후 콘퍼런스 콜 시스템이 협업을 위한 좋은 이니셔티브를 제공하고 효과가 있을 것이다."

뮤랄은 2020년 이 답변 후 5개월 만에 콘퍼런스 콜 기능을 업데이트했고, 그해 12월 줌·Zoom에 탑재한다는 소식을 전했다. 미로 역시 줌에 올라탔다. 미로 영상 시스템은 더는 경쟁우위라고 볼 수 없게 되었다. 이 점에 있어서는 뮤랄이 미로보다 전략을 좀 더 잘 다루는 듯한 사건이었다.

미로가 뮤랄을 압도하는 한 부분이 있다. 바로 마인드맵 사용성이다. 이 항목이 비교 항목이 된 점은 의아하지만 이 부분에서 미로는 모바일 애플리케이션 부분에서 뮤랄을 1.1p 앞서 있다. 사실 이점은 국내 사용자에게도 뮤랄에게 하소연하는 부분이다. 뮤랄이 올 상반기에는 안드로이드 운영 체제에서도 사용 가능하도록 하겠다고는 했는데 아직은 미지수다. 뮤랄이 이 부분에서 굼뜬 행보를 보인 것은 추측하건대 터치스크린 때문으로 보인다.

터치스크린은 뮤랄을 하이브리드로 쓸 수 있는 MS 화이트보드 시스템이다. 뮤랄은 이 시스템과 연동시키는 사업 전략을 구사했던 것으로 보인다. 한데 모바일 사용자가 58억 명을 넘어서는 시점에서 이 판단은 전략적으로 미로를 앞섰다고 말한 내 주장을 무색하게 하는 부분이다.

하지만 MS와 전략적으로 동행하는 것은 장기적인 전략으로는 분명 미로에 앞선 것으로 본다. 이를테면 MS에서 터치스크린이 터져 주기만 한다면 뮤랄은 MS 오피스가 사라지지 않는다면 뮤랄도 사라지지 않을 것이기 때문이다. 현재 뮤랄은 팀즈·Teams 와 협업 관계이다.

뮤랄과 미로는 분명 온라인 화이트보드 플랫폼 시장에서 엎치락뒤치락 하고 있는 것은 분명하다. 포스트 코로나 시대 협업을 주제로 이런 경쟁 관계는 두 회사는 물론 사용자에게도 큰 이득이다. 특히 이전 온라인 시대와 다른 양상이기 때문이다.

출처: https://www.mural.co/teams 캡처

뮤랄·팀즈 협업

첫째, 미래 온라인은 단순히 일하는 형식이 변하는 것 만을 뜻하지 않는다.

일을 대하는 태도 즉, 사고방식이 이전과는 달라야 한다는 점이다. 비대면이라는 특수한 상황이 여기에 맞물려 있기 때문이기도 하다. 이러한 점에서 미로와 뮤랄이 강조하는 낱말이 있다. 바로 비주얼리제이션·Visualization이다. 비주얼을 매개로 일을 처리하고 성과를 내야 한다는 것을 뜻한다. 자연스럽게 대화 방식과 행동 양식도 따라 변할 수밖에 없다.

또한, 퍼실리테이션이 새롭게 주목 받을 것이다. 뮤랄과 미로 두 기업이 모두 퍼실리테이션을 미래 생존 기술로까지 띄운 데에는 사고방식과 비주얼라이제이션과 무관하지 않다. 이런 점에서 특히 뮤랄이 퍼실리테이션에 과감한 행보를 보이고 있다. 이는 IBM과 디자인 사고·Design Thinking를 기반으로 한 혁신에 성공한 자신감을 내보이는 듯싶다. 반면에 미로는 두드러진 성공 스토리를 아직은 찾아볼 수 없다.

g2 사용자 평가에 참석한 기업 규모 군을 보면 대기업 군에서 뮤랄이 미로를 3.5%p 앞서는 면을 보면 뮤랄이 포춘지 선정 100대 기업 중 60%가 뮤랄을 선택했다는 말은 허언이 아님을 증명한다. 또한, 뮤랄은 50인 이하 기업 군에서도 3.7%p 앞선다. 반면에 중소기업 군에서만은 미로가 뮤랄을 7.2%p 앞선다.

이 차이를 단정 지어 얘기할 순 없지만 추론은 할 수 있다. 미로가 중소기업 군에서 뮤랄을 앞섰다는 점은 사용자 평가 항목 대부분에서도 드러났듯이 미로는 관리 중심 업무에 요긴하게 쓰고 있을 것으로 본다. 이를 온라인 회의에 미로가 유용하다는 판단 근거로 삼아도 좋을 듯싶다. 그만큼 미로 여러 기능은 회의 브리핑과 프레젠테이션에 특화되어 있다.

반면에 뮤랄이 대기업군과 50인 이하 기업군 사용자가 많은 점은 혁신이라는 주제를 뮤랄이 잡고 있고, 대규모 프로젝트 수행에

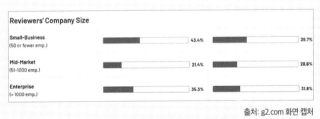

출처: g2.com 화면 캡처

뮤랄 미로 사용자 비교

용이할 뿐만 아니라 과업·Task 중심 과제에도 적용 가능한 애자일·Agile 방식을 뮤랄이 취하고 있기 때문이다.

마지막으로 미로와 뮤랄에 대한 불만 사항은 우리네와 별반 다르지 않아 보였다. 한 뮤랄 사용자는 일부 접속 장애가 있었다는 의견을 g2는 뮤랄 사용 시 꼭 검토할 항목으로 지정했다. 이 점은 국내 사용자에게도 낯설지 않다. 국내에서 뮤랄은 5~6인 내외 팀 단위 협업 도구보다는 30인 내외 인원이 참석하는 워크숍 도구로 먼저 쓰기 시작했기 때문에 뮤랄을 애정하는 몇몇 퍼실리테이터 역시 염려하는 부분이다. 하지만 이 접속 장애는 지금은 거의 회자되지 않고 있다.

반면에 미로는 보드 설계를 할 때 간혹 내 마음대로 움직이지 않는다는 느낌을 받을 때가 있다. 또한, 프레임과 노트 모두를 열었을 때 가독성이 떨어지는 점 등을 고려해야 할 사항으로 지정했다. 한데 뮤랄과 미로에 관한 이 두 의견은 현재 모두 개선된 상태이다. 해서 두 도구에 대한 숙련도가 높아질수록 상상력은 배가 되고 있다. 특히 두 기업이 운영하는 블로그에는 매우 빠른 속도로 미로와 뮤랄을 기반으로 삼은 전문 기업이 속속 등장하고 있다. 그들이 쏟아내는 뮤랄과 미로 가능성은 보는 것만으로도 심장이 뛸 지경이다.

마지막으로 재밌는 생각 하나가 떠올랐다. '회의 프레임 설정' 부분에서 잠시 언급한 바 있는 오하이오 주립대 리더십 연구를 미로와 뮤랄 두 도구 쓰임을 미래 전망 차원에서 구조화해 보는 일이다. 참

뮤랄 블로그

미로 블로그

고로 오하이오 주립대 리더십 연구는 리더 행동 양식 연구이다. 리더 행동 핵심 요인을 과업 중심과 배려성을 각각 독립 요인으로 보고 이를 토대로 네 가지 리더 행동 유형을 도출했다.

이를테면 과업 중심은 뮤랄로, 배려성은 미로로 본 것이다. 이대로는 억측이 심하니 한번 더 생각을 다듬으면 이렇다. 과업 특성은 프로세스이다. 반면에 배려는 정성이다. 해서 과업 중심을 프로세스로, 배려성은 정성으로 전환하면 뮤랄 퍼실리테이션·온라인 회의 미로가 성립한다.

퍼실리테이터를 일견 프로세스 촉진자라는 말을 빌리면 뮤랄은 분명 과업을 성공으로 이끄는 데 있어 탁월하다는 것이 내 생각이다. 반면에 온라인 회의 기획자에게 당부하는 여러 주의 사항과 강조 사항 모두를 둘러 봤을 때 온라인 회의는 자기 존재감을 동료에게 알리는 프로그램을 준비하는 일이 회의 기획자에게 가장 중요하다는 미로 콘텐츠 마케팅 리더 크리스티나 스리 조언은 귀담아 둘 만하다. 해서 가짜 회의를 없애는 데 있어 지금 해야 할 일은 온라인 회의를 성공적으로 정착시키고자 하는 마음 즉, 정성을 다해야 한다고 본다. 해서 아래와 같은 매트릭스를 완성할 수 있다.

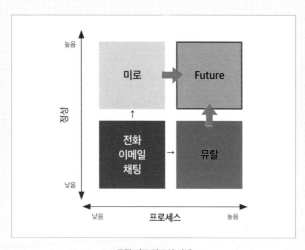

뮤랄 미로 탁트인 미래

208

이 매트릭스 핵심은 전화·이메일·채팅 수준에서 미래 업무 방식을 통찰할 수 없다는 점이다. 또한, 이 세 가지 업무 커뮤니케이션은 포스트 코로나 시대에서는 고전적인 방식이라는 점이다. 해서 현재 수준에서 여전히 이 세 가지 방식 모두 또는 한 가지를 고수하려는 일은 곧 미래를 등한시 하는 것과 같다고 나는 생각한다. 고로 미래를 대비하고 미래에도 올바른 자기 계발과 지속 가능한 성과 창출을 이루고 싶다면 뮤랄과 미로 또는 미로와 뮤랄 두 온라인 화이트보드에 올라타야 한다. 두 보드 중 어느 것을 선택하든 올라타면 보일 것이다. 탁 트인 미래가 말이다.

M SUNDAY

이 책은 뮤랄과 미로 사용성 연구를 목적으로 활동하고 있는 M SUNDAY가 있었기에 가능한 도전이었고, 높은 수준으로 완성할 수 있었다. 2020년 7월 어느 날부터 매주 일요일 밤 9시를 밝혀 주신 열 다섯 분에게 이 책 공동 저자인 이병훈 소장과 함께 이 지면을 빌어 감사 인사를 전하고자 한다.

권혁준 대표·김관주 소장·김순영 대표·김용현 소장·김윤석 대표·김홍희 대표·백선영 소장·유경철 대표·이소정 대표·이연수 강사·이영숙 대표·임철호 소장·장지혜 퍼실리테이터·전익표 대표·허윤정 대표

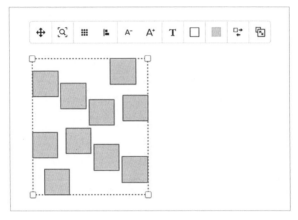

미로 Set start view

① 이동 Move 포스트잇 하나 또는 그룹핑 한 포스트잇을 한꺼번에 이동할 때 쓴다.

② 확대 Zoom to selection 캔버스 화면 비율이 50% 미만인 경우 포스트잇을 만들면 아이디어를 쓰기에는 포스트잇이 작은 느낌이다. 이 때 이 기능을 쓰면 아이디어를 포스트잇에 쓰기에 알맞은 100%로 확대한다.

③ 배열 Arrange 흩어진 아이디어를 같은 유형으로 모으고 관리하는 메뉴이다.

- **유형별 관리 By Type** 포스트잇 색상과 형태에 따라 배열하는 기능이다. 예를 들어 퍼실리테이가 아이디어 유목화를 하고자 한다면, 포스트잇 색깔과 형태를 서로 다르게 지정한 후 이 메뉴를 실행하면 질서 정연한 모습을 참석자에게 선보일 수 있다.

- **가로 배열 Into a Row** 포스트잇을 가로 열로 배열할 수 있다.

- **세로 배열 Into a Colum** 포스트잇을 세로 행으로 배열할 수 있다.

- **리드 In a Grid** 포스트잇을 격자 형식 무늬로 배열할 수 있다.

④ 정렬 Align 사방으로 떨어져 있는 포스트잇을 '상·하·좌·우측'으로 정렬할 수 있고, 포스트잇 간 간격을 균일하게 할 수 있다.

⑤ 글씨 크기 작게 Decrease font size

⑥ 글씨 크기 크게 Increase font size

⑦ 글자 편집 Text format '글자체 지정 Font Family', '글자 굵게 bold', '글자 기울임 꼴 Italic', '글자에 밑줄 underline', '글자 취소선 strike' 등 5개 하위 메뉴가 있다.

⑧ 경계선 색깔 선정 Border 포스트잇을 포함한 도형·제목·글상자 윤곽을 드러내는 선 색상을 지정할 수 있다.

⑨ 색 지정 Color 포스트잇을 포함한 도형·제목·글상자 형태를 드러내는 색을 지정할 수 있다.

⑩ 포스트잇 형태 변경 Switch type 포스트잇을 포함한 도형·제목·글상자 등을 '3×3 포스트잇', '3×5 포스트잇', '원형 포스트잇', '글 상자'로 변경할 수 있다.

⑪ 포스트잇 크기 변경 Resize 포스트잇 크기를 '기본 사이즈', '큰 사이즈', '작은 사이즈'로 변경할 수 있다.

부록 2   미로 빈 보드 실행 메뉴

① Paste 붙여 넣기 기능이다. Ctrl + V 기능을 쓸 수 있다. 이 단축키는 구글 크롬 웹스토어에서 미로·MIRO 애플리케이션을 찾은 후 크롬 브라우저에 등록을 해야 쓸 수 있다.

② unlock all 미로 보드 위에 고정한 모든 요소 잠금을 해제하는 기능이다.

③ add text 단축키 T 와 같은 기능으로 글 상자라고 보면 쉽다.

④ add sticky note 단축키 N 과 같은 기능으로 포스트잇을 만든다.

⑤ Set start view 미로 보드 접속자에게 첫 화면으로 보여 줄 내용을 지정하는 기능이다.

⑥ Set current view as start Set start view 기능은 다음 접속 때 볼 내용을 지정하는 기능이라면, 이 기능은 최근 활동 하면을 다음 접속 때 그대로 보여 주는 기능이다. 제작

1	Paste	Ctrl + V
2	Unlock all	
3	Add text	
4	Add sticky note	
5	Set start view	
6	Set current view as start	
7	Navigation mode	
8	✓ Snap objects	
9	Show grid	G
10	Show all	Ctrl + 1

미로 빈 보드 실행 메뉴

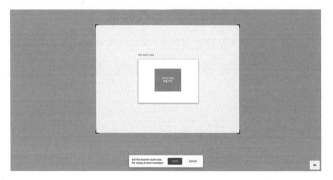

미로 Set start view

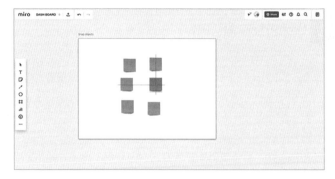

미로 Snap objects

할 때는 이 기능을 적용하는 것이 효과적이다.

⑦ Navigation mode 미도 보드 운영을 마우스로 할 것인지 트랙패드로 할 것인지를 선택하는 기능이다.

⑧ Snap objects 이 기능을 실행하면 아래 그림처럼 정렬 안내선이 나타난다.

⑨ Show grid 이 기능을 실행하면 미로 보드 내 격자 무늬가 나타난다. 단축키 $\boxed{G}$.

⑩ Show all 미로 보드 내 있는 모든 요소를 화면에 보여 준다.

부록 3 | 프레임 편집 메뉴

프레임·Frame을 선택한 상태에서 마우스 오른쪽 버튼을 클릭하면 상단에 빠른 실행 도구 모음 바가 나타난다. 이 모음 바 중에서 점 세 개·more 메뉴를 클릭하면 아래와 같은 메뉴 바가 나타난다. 프레임 편집 메뉴이다.

1	Rename
2	Export as image
3	Copy link
4	Link to　　　　Ctrl + K
5	Info
6	Lock　　　　Ctrl + L
7	Copy　　　　Ctrl + C
8	Duplicate　　　　Ctrl + D
9	Export to CSV (excel)
10	Save as template
11	Delete　　　　Delete

미로 frame 편집 메뉴

① Rename 프레임 이름을 수정할 수 있다. 초기 값은 New frame 이다.

② Export as image 프레임 내에 있는 여러 요소 또는 선택한 요소를 jpg 파일로 만들어 쓸 수 있는 기능이다.

③ Copy link 프레임 URL 주소를 얻을 수 있다.

④ Link to 참고 사이트 URL을 프레임에 삽입할 수 있다. 이 기능을 실행하면 프레임 우측 상단에 화살표가 생기고, 이 화살표를 클릭하

면 참고 사이트로 이동한다.

⑤ info 프레임을 만들고 수정한 시간을 알 수 있다.

⑥ Lock 프레임을 고정한다. 단축키 Ctrl + K .

⑦ Copy 프레임 내 위치한 모든 요소를 복사한다. 단축키 Ctrl + C .

⑧ Duplicate 이 기능을 실행하면 복사 위치가 바로 다음이다. 단축키 Ctrl + D .

⑨ Export as CSV(excel) 이 기능을 실행하면 텍스트 또는 숫자를 기록한 포스트잇 또는 도형 내용이 엑셀 파일로 내려받을 수 있다. 파일 형식은 CSV 이다. 또한, 엑셀 파일에 쓴 내용을 미로 보드에 붙여 넣기 하면 그 내용이 포스트잇으로 나타난다.

⑩ Save as Template 자주 반복적으로 쓰는 프레임 또는 템플릿을 보관하는 기능이다.

⑪ Delete 불필요한 요소를 삭제한다.

부록 4 포스트잇 등 텍스트 편집 메뉴

참석자 커뮤니케이션 기능으로 소개한 포스트잇·도형 등 그 쓰임은 상단 빠른 실행 도구 모음 바로 나타나고, 편집 메뉴는 more를 클릭하면 등장하는 메뉴 바에서 선택해 쓸 수 있다. 앞서 소개한 기능 중 다른 부분만 소개하고자 한다.

① add tag 아이디어 분류 혹은 핵심어를 기록하는 기능이다.

② add emoji 그림 문자라는 뜻 또는 웃는 얼굴이라는 의미로 쓴다. 다양한 감정 표현을 할 수 있는 기능이다.

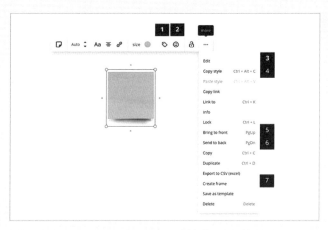

미로 포스트잇 편집 메뉴

③ edit 포스트잇 내용을 수정할 때 쓴다. 통상은 포스트잇 중앙을 두 번 클릭하면 I
자 커서가 깜빡일 때도 내용을 수정·보완할 수 있다.

④ copy style 어떤 포스트잇을 꾸민 색상을 다른 포스트잇에 적용할 때 쓴다. 단축
키 Ctrl + Alt + C. 적용은 paste style 기능이고, 단축키는 Ctrl + Alt +
V 이다.

⑤ Bring to font 포스트잇과 도형 등 여러 요소가 겹쳐 있을 때 그 중 포스트잇을 도
형 위에 놓아야 할 때 쓰는 기능이다.

⑥ Bring to font 포스트잇과 도형 등 여러 요소가 겹쳐 있을 때 그 중 포스트잇을 도
형 밑에 놓아야 할 때 쓰는 기능이다.

⑦ Create frame 작성한 포스트잇에 프레임을 적용할 때 쓰는 기능이다. 이 메뉴 바
중에서 가장 쓰이는 빈도수가 높은 기능 중 하나이다. 참고로 프레임 생성 단축키
는 키보드 F 를 누른 상태에서도 만들 수 있다.

미로 이미지 파일 편집 메뉴

① 이미지 파일 이름을 쓸 수 있다.

② replace image 이미지 파일 업로드 할 때 쓰는 기능이다. 세 가지 방법이 있다. 다른 미로 보드에서 가져오기, 사용자 디바이스 또는 URL을 통해 업로드 할 수 있다.

③ download 선택한 이미지 파일을 내려받을 수 있다.

④ crop 불러온 이미지 파일을 필요 없는 부분을 잘라내는 기능이다.

⑤ custom size 이지지 크기를 현재 수준에서 100% 또는 50%로 조절해 쓸 수 있다.

⑥ Add to saved files 현재 이미지를 저장한다.

⑦ Scale to original size 이미지 파일 본래 크기로 전환할 때 쓴다.

여러 장 포스트잇을 깔끔하게 정리하기 위해서는 우선 Shift 키를 누른 상태에서 정
리할 포스트잇 영역을 설정하면 상단 메뉴 바가 나타난다.

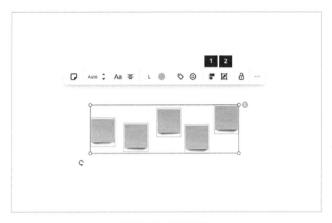

미로 정렬과 그룹 편집 메뉴

① align objects 포스트잇을 상·하·좌·우측과 중앙에 정렬하는 기능이다.

② group objects 선택한 포스트잇 모두를 그룹으로 지정 하나의 객체로 만들 수 있
다. 단축키 Ctrl + G .

추천사

이병훈 작가는 최고가 아닌 '최선의 노력'으로 인생을 운전하는 베스트 드라이버이다. 폭넓은 인간관계, 독서의 열정 그리고 다부진 분별력으로 현대의 젊은이들과 지혜를 모아, 어려움을 함께 해결해 나갔으면 좋겠다는 아버지의 힘찬 응원을 보낸다.

이종찬 _이병훈 저자 부친(父親)

인생 자체가 교육의 연속이다. 또는 태어나면서 생을 마감할 때까지, 모두 교육의 연속일 것이다. '온라인 회의, 협업' 주제는 특별한 분야인 기업교육의 중요한 화두가 될 것이다. 그리고 이병훈 작가는 기업교육의 핵심 인재로 성장할 것으로 기대한다. 기업교육 분야의 최고가 될, 이병훈 강사 파이팅!

남수현 _이병훈 저자 장인(丈人)

왜, 배워야 하고 알아야 하는가

변천하는 문명속에 살아남기 위함이다.

人之不學如登天而無術 인지불학여등천이무술

사람이 배우지 않음은 재주 없이 하늘에 올라가려는 것과 같고,

學而智遠如披祥雲而覩靑天 학이지원여피상운이도청천

배워서 아는 것이 많아지면 길조의 구름을 헤치고 푸른 하늘을 보는 것과 같다고 했다. 하루가 다르게 나날이 변화하는 현실, 우주선이 하늘을 나는 현실 속에 살고 있는 우리, 배워서 알지 아니하고 이 어려운 현실을 극복해 나갈 수 있겠는가.

배우는 학생들이 학교 교실이 아닌 방 안에서 화상으로 수업을 받고 학문을 연구하는 연구관들 역시 지역에 관계 없이 토론하고 화상 회의로 모든 업무를 처리한다. 회사 운영도 원격 체제이다. 더 나아가 국가와 국가 간 정상외교도 영상으로 대면하고 있는 현실은 상상조차 하지 못했다.

이 현실 속에 남보다 한발 앞서기 위하여 많은 책을 읽어 배우고 또 배워 무엇인가 새로운 것을 찾아 많이 알아야 한다.

博學而篤志, 切問而近思. 박학이독지, 절문이근사

널리 배워서 뜻을 두텁게 하고 묻기를 진실로 하여 생각을 가까이하라

人生不學 如冥冥夜行 인생불학 여명명아행

사람이 배우지 아니하면 어둡고 어두운 거리를 다니는 것과 같다.

이 얼마나 좋은 옛 성현 말씀인가. 많은 책을 읽어 나에게 필요한 지식을 얻으라는 뜻이다. 나에게 필요한 전문적인 책은 소설책이라 하여도 많이 읽어 두면 언젠가는 생활속에 꼭 필요한 아주 귀한 문구를 얻어 삶에 커다란 도움을 얻는다.

끝으로, 우리가 꼭 배워야 하고 알아야하는 이유란 책을 많이 읽어 나의 지식을 쌓아야 함이다.

勿謂今日不學而有來日 물위금일불학이유내일

오늘 배우지 아니하고 내일이 있다고 말하지 말라

少年易老學難成 一寸光陰不可輕 소년이노학난성 일촌광음불가경

소년은 늙기는 쉽고 학문은 이루기 어렵다. 짧은 시간이라도 가벼이 여기지 마라.

많은 책을 읽어 지식을 넓혀 험난한 현실에서 살아가는 데 좋은 길잡이가 되어 자기 삶을 아름답게 가꾸시고, 성공하는 삶을 이루는 독자가 되길 바랍니다.

한의석 _한봉규 저자 부친(父親)